木原克直
Katsunao Kihara

いじめをやめられない大人たち

ポプラ新書
206

はじめに

それは聖職者とも呼ばれる教育者の行いにしては、あまりに「幼稚な行為」だった。

２０１９年10月、ネット上に男性教諭が同僚から羽交い締めにされ、無理やり激辛カレーを食べさせられる動画が公開された。

動画の中では「僕、辛いの好きじゃないんです！」と叫ぶ被害者に対して、背後から男性が羽交い締めにし、別の人物が激辛カレーを無理やり食べさせている。周囲からは大笑いする声や、羽交い締めしていた男性が「勝ったー！」と言いながらガッツポーズする様子などが記録されていた。

その後の調査により、事件が起きたのは神戸市の小学校で、加害者は30代の男性教諭三人と40代の女性教諭ひとりの計四人、被害者は動画に映っていた男性だけでなく、全部で四人が被害を受けていたことが明らかになった。また、激辛カレーの強要以外にも、日常的な暴言や、ＬＩＮＥで性的なメッセージを同僚に送信することを強要したり、車の中にわざと飲み物をこぼすなど、いじめ行為は全部で１５０項目にも及んだという。

教職員という子どもに最も近く、模範となるべき立場の人間が起こしたこの事件は、大きな反響を呼び、各メディアでも取り上げられた。

事件を報じる際に、各メディアが選んだ言葉こそが「いじめ」だった。「教諭いじめ問題」（ＮＨＫ）、「教員間、集団いじめ」（毎日新聞）、「教員いじめ」（読売新聞）、「激辛カレーいじめ」（産経新聞）。「暴行」でも、「パワハラ」でも、「虐待」でもなく、「いじめ」という言葉を使い表現されていたことが、私にはとても奇異に感じられた。その違和感の正体は、動画の中で行われていた行為の卑劣さや幼稚さ、また教育現場で行われていたということが持つ意味と、「いじめ」という言葉が持つニュアンスのギャップだったのではないかと思う。

本書でも見ていくことになるが、大人の「いじめ」という言葉は法律の世界にはない。

そのこと自体が、「いじめ」という言葉の持つ曖昧《あいまい》さを象徴している。この「いじめ」という言葉の曖昧さが、多くの人を苦しめ、また、多くの人の怒りや不満を刺激し、真偽不明なまま加害者とされる人物への個人攻撃にもつながっていくように思われる。

大人になっても起きてしまう、そして法律でも扱いづらく曖昧な「いじめ」というものの正体について知りたいと思ったのが、取材の出発点だった。

その取材をもとに、NHKの「あさイチ」、「クローズアップ現代＋」で「大人のいじめ」をテーマにした番組を制作し、二度にわたり放送した。番組に際して募ったところ、幅広い世代の視聴者から500を超える体験談が集まり、また放送中には異例ともいえる2000通を超えるメールが番組に寄せられた。「大人のいじめ」という聞き慣れない言葉でありながらも、多くの人にとって「身に覚えのあること」として受け止められたことが、この大きな反響につながったのだと思われる。

実際、「いじめ」をめぐる状況は、社会全体で見ても大きな変化が見られ、年々〝社会問題化〟していると言っても過言ではない。

図は厚生労働省が毎年とりまとめている「個別労働紛争解決制度の施行状況」に関するデータ(2020年度版)だ。

都道府県の労働局などに持ち込まれる職場に限ったトラブルでも「いじめ・嫌がらせ」は年々増加傾向にあり、2020年度は7万9190件となり、2011年度(4万5939件)の1・7倍となっている。この7万9190件には、2020年6月より施行されたいわゆる「パワハラ防止法」(改正労働施策総合推進法)の対象となる大企業の職場内におけるパワハラ事案(1万8363件)が除かれているため、実質的には2020年度の「いじめ・嫌がら

民事上の個別労働紛争の件数の推移

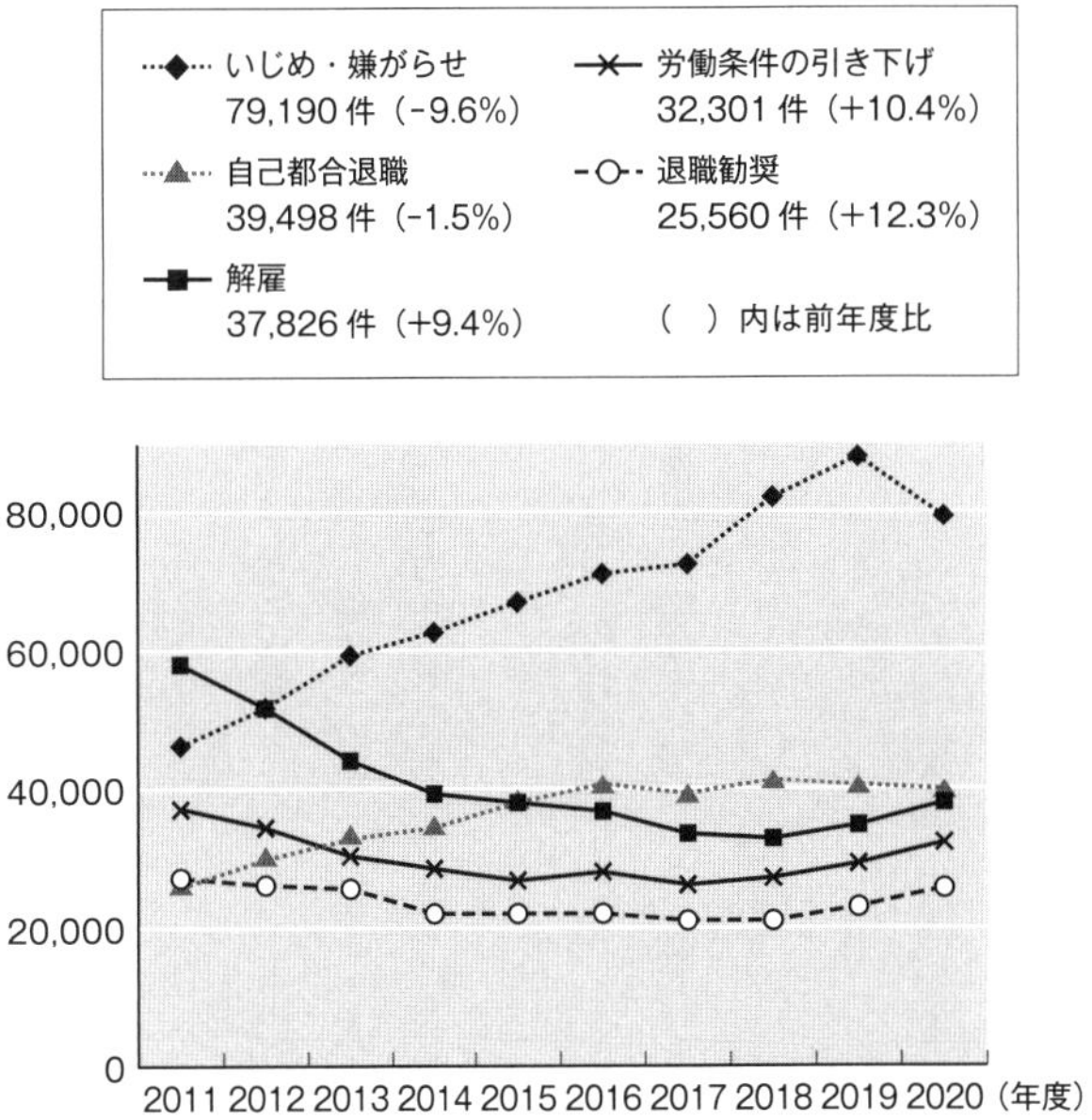

※2020 年 6 月、労働施策総合推進法が施行され、大企業の職場におけるパワーハラスメントに関する個別労働紛争は同法に基づき対応することとなったため、同法施行以降の大企業の当該紛争に関するものはいじめ・嫌がらせに計上していない。〈参考〉同法に関する相談件数 18,363 件

出典：厚生労働省「個別労働紛争解決制度の施行状況」令和２年度版

せ」事案は9万7553件となり、増加の一途を辿っているといえる。職場に限って見ても、「いじめ・嫌がらせ」に関する紛争が、10年で2倍近くに増えているのだ。

なぜ「大人のいじめ」を防ぐことは難しいのか。どのような環境に置かれた時、大人たちはいじめを行なってしまうのか。なぜ「大人のいじめ」を裁くことはできないのか。「大人のいじめ」がなくならないどころか、増え続けている背景には何があるのか。

本書では、番組に寄せられた数々の体験談に加え、その後の独自の取材、さらには加害者側への取材や、海外の事例についても触れることで、多角的に「大人のいじめ」の正体に迫りたい。

2022年3月吉日

NHKディレクター　木原克直

いじめをやめられない大人たち／目次

第1章

実例から見る「大人のいじめ」

「大人のいじめ」とは何か

「大人のいじめ」とは何だろうか。「パワハラ」とは何が違うのだろうか。その行為に暴力が伴っているならば、それは「暴行」や「傷害」と呼ばれるのかもしれない。

「いじめ」は曖昧な言葉だ。報道で「いじめ」という言葉を使う時、少なくない批判が寄せられる。「いじめ」という言葉が、行われた行為の重さや罪深さを曖昧にしていると、多くの人が感じているからかもしれない。

2019年10月に神戸市の小学校で起きた、教師が嫌がる同僚教師の顔へ無理やり激辛カレーを押しつけるなどの「いじめ」が報道され、問題となった。

この事件の報道でも、「いじめという言葉を使うことで、マスコミは加害行為を矮小《わいしょう》化しているのではないか」という批判がSNS等で多く上がった。

そこで、まずは番組「あさイチ」に寄せられた声や、取材で伺った数多くの声を丹念に見ていくことで、「大人のいじめ」について考えてみたい。

2019年12月に「あさイチ」で、翌年1月に「クローズアップ現代+」で

「大人のいじめ」をテーマに放送した際には、視聴者から500以上の体験談が寄せられ、番組放送中にはおよそ2000通を超えるメールが寄せられたのは、先にお伝えした通りだ。中でも目立ったのが学校や保育園・幼稚園など教育現場からの声だった。子どもたちを育て、模範となるべき教育現場で、なぜ大人がいじめを行うのか。教育現場で一体何が起きているのだろうか。

【すべてが生徒・保護者優先の学校現場　～田中さん（仮名）の場合～】

関西の中規模の都市に暮らしていた田中さん（30代女性・仮名）。3年間の非常勤講師の経験を経て、ようやく中学校の家庭科の正規職員という立場を得た。

期待に胸を膨らませ着任した田中さんだが、着任早々に出鼻をくじかれる。田中さんが翌月に結婚を控えていることを知った年配の男性教員から「子どもを作らないと一人前の教師にはなれないぞ」と声をかけられるようになったのだ。そうした言葉による執拗《しつよう》な嫌がらせは結婚した後も続き、「（子どもは）できたか?」と毎日のように確認された。

一方で、同世代の30代、40代の教員たちからは「妊娠する時期は考えてね」「40歳まで子どもを作らないでね、迷惑だから」と釘を刺され、板挟みの状況だった。面接ですでに伝えていたことにくわえ、非常勤で働いていた頃は、こうした言葉をかけられることも少なかったため、「なぜこんなことを言ってくるのか……」と、田中さんは戸惑うばかりだった。

しかし、働くうちに、こうした言葉による圧力の背景には、近年、社会問題になっている「多忙すぎる教育現場」の実情があることが見えてきた。それゆえに出産などで「欠員」が出ることを、現場が極度に恐れているという状況だった。

文部科学省による教員勤務実態調査(平成28年度)によると、中学校の教員の平均休憩時間はなんとたったの2分、田中さんの勤務は、まさにデータ通りの忙しさだった。

田中さんが勤めていた中学校の生徒数は、およそ七百人。しかし、家庭科の教員は田中さんただひとり。平日は1時限目から5時限目まで、すべて授業で埋まっていた。

多忙な田中さんにさらに追い打ちをかけたのが、学校の乱れた「風紀」だ。田中さんが勤めていたのは、かつて校内のほとんどの窓ガラスが生徒によって割られたこともある、いわゆる「荒れた学校」だった。血気盛んな生徒を指導しようとするあまり、いきすぎてしまうこともあり、管理職の職員が「体罰」で処分されたこともあった。

以前に比べれば「かなり落ち着いた」とベテラン教員は言うが、教員側の警戒感は依然として強かった。休憩時間も教員は学校内の見回りを欠かさず、生徒の問題行動に目を光らせ「牽制」する必要があるというのがベテラン教員の主張だった。

そうした役目は、田中さんのような若手教員に割り当てられた。もちろん、ベテラン教員たちからの「校内見回り」の命令を断ることなどできない雰囲気だった。

月曜から金曜まで隙間のない授業スケジュール、授業の合間の校内の見回り。これらの業務に追われ、田中さんは学校に在籍していた期間、一度として昼食を食べることができなかったという。

理不尽なことに、この休む隙間もない「忙しさ」が原因となり、田中さんが「いじめ」のターゲットとなってしまうのだった。

授業の合間の休憩時間も昼食のための休憩時間も、田中さんが職員室に戻ることはできなかった。そのため、職員室の同僚からは「田中さんの姿が見えない」「どこかでサボっているのではないか」という声が上がるようになっていたのだ。

しかし、当の田中さんは、多忙すぎて周囲がそうした批判の目を向け始めていることとさえ知らない。

田中さんが何かおかしいと思い始めたのは、自分の文房具が頻繁になくなり始めたことに気が付いたからだった。その後、しばらくすると、田中さんが職員室に戻った際に、彼女の顔を見るや集まっていた先輩教員たちが急に黙るようになった。その様子を見て、陰口を言われているのだと思った。

田中さんが「いじめ」の気配に気付いた頃から、嫌がらせはエスカレートし始める。

出席しなければならない会議にもかかわらず、開始時間を教えてもらえないこともあり、その結果、「(田中さんは)ルーズな人だ」という認識が広がった。学年主任からは「授業の評判が悪いという噂を聞いたが、しっかり準備しているのか」と問われた。多忙ながらも、放課後に居残り、仕事を進めるなど、授業の準備を怠ったことはないという自負があった。この噂も田中さんのことを悪く思う誰かが、ひそかに流したのだろうと感じた。

「一度目をつけられると、どんどんエスカレートしていく」と田中さんは語る。

新婚だった田中さんは、着任前からすでに結婚式の予定を組んでいた。ところが、上司からは「学校行事が立て込んでいる時期だから延期できないか」と求められた。納得はできなかったものの、ようやく得た正規職員ということもあり、田中さんは式を延期せざるを得なかった。しかも、一度ならず、結果的に三度も延期することになった。

こうしたことが続き、田中さんは「さすがにおかしい。これは、いじめではないか」と感じるようになったという。

「いじめ」に耐えながらも働き始めて3か月後。休日ではあったが、顧問を務める部活動のため、田中さんは職場に向かっていた。その途中で、突然に頭がふらつき、駅の階段から転落。膝を骨折してしまった。

しかし、部活の顧問は自分しかいない。自分が行かなければ、またもや「無責任」というレッテルがはられるのではないかという恐怖を抱き、田中さんは痛みに耐えながら出勤した。

しかし、そんな田中さんに対しても、周囲の反応は冷ややかだった。この時の骨折が原因で田中さんが欠勤すると、事務仕事や行事の準備などを誰かが負担せねばならなくなり、「仕事を増やす迷惑なやつ」と思われてしまったのだ。

こうした周囲の反応に、田中さんは「どの先生も、自分の身を守るために必死なんだ」と実感。不満を抱えつつも、表立っては声を上げられなかった。

忙しさを加速させる、親からの要求

なぜ、こんなにも現場に余裕がないのか。その原因は、業務の過密さだけではない。近年、教育関係者が異口同音に語るのは、保護者の要求水準の高さだ。いわゆる「モンスター・ペアレンツ」という言葉は知られるようになったが、現状は改善されるどころか年々厳しくなっているという。

取材した何人かの教員が、共通して語っていたエピソードがある。生徒が下校した夕方、職員室の電話が鳴ると教員たちの間には緊張が走るというのだ。それは他校や取引先といった業務連絡の電話ではなく、保護者からの電話である可能性が非常に高いからだ。そして、その電話のほとんどが、学校に対するクレームだ。

たとえば、小学校ではよくありそうな、子どもたちの何気ない「先生、鉛筆なくなったー」という一言にも、冷や汗が出ると教えてくれた教員がいた。こうした事案が発生した日には、授業が終わった放課後、子どもたちの下校を見届けるや否や、あらゆる業務の中で優先させて行うのが保護者への電話だ。「たかが鉛筆1本に大げさだ」と思われるかもしれないが、紛失の事実を親たちが子ども経由で知るか、教員からの電話で知るかによって、事後対応の労力に雲泥《うんでい》の差が生まれるという。

子どもたちは、基本的に自分に「過失」がないように親に伝えようとすることが多い。時には「○○君に取られた」「先生に話したけど無視された」など、憶測や誇張がまじった形で親へと伝わることがある。そうなってしまうと、親にとってはもはや「鉛筆を1本紛失した問題」では済まず、子どもが学校で「いじめ」にあっているのではないかという疑念が生まれてしまうのだ。

そして、どういう状況なのか学校に詳細な説明を求めるため、電話をかけてくる。中には、電話での説明では満足せず、学校にまでやってくるケースも少なくない。そうなると、話し合いは夜8時、9時といった時間まで続くこともあるという。

田中さんも、保護者から「弁護士呼ぶから」と脅されたことがあるという。担任をしていたクラスの女子生徒が、仲の良い友人に自分の自転車を自由に使っていいと言った。ところが、自転車を借りていた生徒が使っている途中で、自転車が壊れてしまった。そのことを知った本来の持ち主である生徒の親から、学校に電話がかかってきた。

保護者は「なぜ、娘の自転車を友達に使わせることを認めたのか。そういうことを禁じるルールをなぜ学校は作らなかったのか」と田中さんに厳しく繰り返し問いつめてきた。その上で、自転車の修理代はどうするのか、学校側は責任をどう考えているのか、という責任の問題へ。「答え次第では、弁護士を呼ぶ」という強硬な姿勢を決して崩さなかった。

田中さんにとって最もショックだったのが、どれだけ丁寧に説明しようとも

「本当に？　あんた若いから信じられない」と言われたことだった。学年主任が立ち会うと、一転して保護者たちの態度が変わり、納得するのだった。結果的に、このケースでは田中さんが休日に自転車をお店に運び修理してもらい、修理費を学校が負担することで収まったという。

また、保護者からの問い合わせで特に多いのが、成績に関することだ。田中さんも「なぜ、うちの子は頑張っていたのに、こんなに点数が低いのか」という保護者に対応するため、担当する授業の実技テストを撮影し記録したことがあった。

それも、すべては保護者に対する「説明責任」のためなのだという。そうした作業に追われた結果、授業準備の時間が削られていくこととなった。

ある日、突然、働けなくなった

部活顧問のため休日もなく、止む気配もない「いじめ」。それでも田中さんは働き続けたが、とうとう体が悲鳴を上げた。校長との面談の最中、突然に涙が止まらなくなってしまったという。それをきっかけに精神科のクリニックを受診したところ、「うつ」と「適応障害」の診断が下りた。

トイレやお風呂など、閉鎖された空間にひとりで入ると、強烈な不安感から動悸が激しくなり、手が震え始める。同僚から言われて辛かった言葉などが急に思い出され、「死にたい」という衝動にかられる希死念慮《きしねんりょ》が襲ってきたという。こうした状況から、ひどい時にはひとりで入浴することもできず、夫に手伝ってもらわねばならなくなった。

それでも責任感から田中さんは、点滴を打ちながら通勤していた。しかし、急に人の名前が思い出せなくなるなど、仕事にも支障が出始めた。体調を案じた夫からの勧めで、学校を退職し治療に専念することを選んだ。

1年半ほど治療し、田中さんはようやく落ち着くようになってきたという。今回、取材に応じる形で過去の話をしてくれたが、こうした話をできるようになったのは、ごく最近のことだという。本格的な仕事をすることは難しいが、近頃はアルバイトも始め社会生活を営めるようにもなった。

思い出すのも辛い体験にもかかわらず、取材に応じてくださった田中さん。「いじめ」から数年たった今も、生活や人生に支障をきたしていることを少しでも多くの人に知ってもらうことで、この問題を考えるきっかけとなってくれればという。

「教師による教師へのいじめ」はめずらしくない

田中さんは、２０１９年10月に報道された神戸市の学校で起きた教員同士の「いじめ」について、「他の学校でも十分に起こりうる」と感じているという。

余裕のない職場環境をなんとか回そうとして、校長や教頭ら管理職は、無理を聞いてくれそうな人員を自分の学校に集めようとするというのだ。

また、ある教員経験者によると「管理」や「教育的指導」で統制するという発想は、対生徒だけでなく対教員に対しても行われるのが学校だと語る。現在の管理職はそうした慣習の中で出世してきたため、その慣習を変えようという発想にならないのだという。
結果的に、校長たちの意をくんだ声の大きなベテラン教員たちによる、若手や仕事の遅い教員たちへの「いじめ」が、「指導」として黙認される空気が生まれるのだ。

【「嫉妬」がいじめの引き金となった　～古川さん（仮名）の場合～】

教員の現場では、とにかく多忙で余裕のないことが「いじめ」を生み出す原因となった。しかし、大人のいじめの原因は多種多様、中でも今回取材で多く見られたのが、「嫉妬」だ。

北関東の製造業の工場が数多く集まる、ある地方都市に暮らす古川さん（50代女性・仮名）。シングルマザーとして二人の子どもを育てながら、地元の製造系の中小企業に勤めている。パートとして入社して以来、20年近く働いているが、業務内容も無理はなく、休みの日には集まり、ランチに行くなど職場の人間関係も良好で、「よい職場」だと感じていた。

転機は、古川さんの昇進だった。長年にわたりこつこつ真面目に働いてきたことが認められ、パートから正社員への昇進が言い渡されたのだ。それに伴って、勤務内容も工場内での作業から、事務所内での事務作業へと変わった。

事務所内での仕事が始まるや否や、古川さんへのいじめは始まった。古川さんにとって事務仕事は初めてで、ワープロソフトや表計算ソフトもまったく使ったことがない。また、資料のありかや、資料作りのルールについても新たに学ぶことばかり。しかし、以前から事務仕事をしていた同僚に尋ねても教えてもらえないばかりか、「あんたが話しかけてくるから、仕事が進まない」と強く当たられる。

ただ、いつも攻撃的な態度をとられるわけではないところが、たちが悪い。上司や男性社員がいる時は愛想がいい。強く当たられるのは、決まって二人きりの時だった。いじめている自覚があるのか、常に隠れて行うのだ。

さらに、毎日の楽しみのひとつでもあった昼食にも変化が起きた。午前中の業務が終わり昼休憩を迎えたところで、かつて工場内でともに働いていた同僚たちが事務所を訪れてくるようになった。古川さんが、工場の現場で働いていた時にはなかったことだ。そして、古川さん以外に声をかけて連れていってしまうのだ。その結果として、昼食時はひとり孤立して食事をとらなければならなくなってしまった。

いじめの中心にはボスがいる

最初は周囲の変化に戸惑っていた古川さん、しかし、次第にそのいじめの中心に、「ボス」がいることに気付いた。

ボス・本田は、古川さんと入社の時期がほぼ一緒で、15年以上勤めているベテランだ。入社以来、工場内の現場仕事をずっと行なっていることもあり、仕事が早い。現場のことを誰よりも知っており、以前から工場内では彼女には誰にも文句を言えない雰囲気があった。

ボス・本田は、古川さんの昇進後、周囲に対して露骨に苛立ちをぶつけるようになったという。小さなミスも見逃さず、「お前みたいなやつはいらない！さっさと帰れ！」「使えないから他へ行け！」など、工場内に響き渡るような大きな声で罵声を浴びせた。本田に目をつけられたくない一心で、周囲の従業員も彼女の機嫌をうかがうようになった。

威圧的な態度で職場を支配し、誰も逆らえないような状況を作った上で、本田は昼食時や休憩時間、あえて古川さんを外す形でみんなを集めた。そして、古川さんに見せつけるように楽しげに談笑するようになった。当初は古川さんのことを気にかけていた同僚たちも、本田の目を恐れ、古川さんと距離を置くようになっていった。中には、当初は本田にしぶしぶ従っていた従業員の中にも、古川さんへの嫌がらせを楽しみ始める人も現れた。

仮にも職場の先輩である古川さんに対して、本田は直接的に罵倒することはなかったが、目が合うたび毎日のように「いいわよね、正社員は。お金持ちで」と皮肉を言われた。それは、古川さんが昇進した後、6年以上が経った今も変わらず言われ続けているという。

古川さんは次第に職場で孤立するようになった。1日を通して誰とも話さない日もある。ひとり職場で食事をとるのが惨めで、昼休憩のたびに自宅へ戻って昼食をとるようになった。

繰り返し「正社員なんだから」と言われる状況に、いじめの根底にあるのは「嫉妬」だと古川さんは感じている。ボス・本田の働きぶりも会社は評価していないわけではない。しかし、古川さんが正社員になったタイミングで、会社の人事制度が変更され、もうパートが正社員へと昇格することはなくなってしまったのだ。

何年も続くいじめ、体に不調が

毎日続く陰湿ないじめに、古川さんは次第に寝られなくなっていった。眠りは浅く、夢にまで会社のことが現れるようになった。さらに夢の中でも、会社で受けているいじめと同じようなシーンを見るというのだ。

さらにある日、急な頭痛、めまい、吐き気に襲われ、動けなくなった。さすがにこれは異常だと感じた古川さんは、病院を訪れると「ホルモンバランスが崩れている」と指摘された。

めまいはいつも突然やってくるため、車の運転もままならず、日常生活にも支障が出始めた。今も、ホルモンバランスを整える薬が欠かせない生活を送っている。

「ことなかれ主義」の管理職

陰湿ないじめが続き体調を崩し生活にも支障が出る中で、古川さんもただ手をこまねいていたわけではない。直属の上司に、社内で受けているいじめについて相談し、解決策を打つように訴えたのだ。しかし、年配の男性上司の反応に、古川さんは失望した。

上司は、いじめの首謀者の本田が「厄介な人」であることは認めつつも、「なんとか、うまくやってよ」と、あからさまに面倒くさそうな対応に終始するばかりだった。古川さんは上司の対応に不満を抱きつつも、しつこくすれば逆に自分の居場所がなくなると感じ、諦めるしかなかった。

少ない人員の中で経営を回している中小企業の中には、古川さんのケースのように、管理職が社内の「人間関係」には関わろうとしない場合や、「不満があるなら、自分（被害者側）が辞めればいいいんじゃない？」と被害者を責めるような事例が多い。

地方では働き手が少なく、求人募集を出しても人が集まらず、問題のある社員であっても「辞められては困る」ことが多いのだ。

古川さんの職場でも、いじめのボスであった本田は、職務経験としてはベテランで仕事の要領も分かっており、業務をスムーズに回していくためには欠かせない人物であった。こうした事情も、管理職が対応に消極的だった背景にあると、古川さんは感じていた。

また、経営陣から管理職まで、全員が男性の企業であり、露骨な「男性優遇」「男尊女卑」を古川さんは感じたという。女性で最終的に社員になれたのは、古川さんを含めて二人だけ。一方で、男性社員は中途でパートとして入った人でも、社員になる人は数多くいた。

こうした状況に、長く勤める女性社員からは、「働いても働いても、昇進しないし給料が上がらない」という不満の声を聞くことが少なくなかった。

古川さんが受けたいじめの背景には、そもそも不満が充満していて、嫉妬を煽《あお》るような職場環境があると言えるのかもしれない。

外に解決策を探すも……

上司に相談しても解決しようという気のないことを悟った古川さん。どこかに相談できないものかと、自身が暮らしている自治体の広報誌を手に取り、相談窓口の一覧が載っているページを開いた。そこには、「DV相談」や「困窮時の相談」、「パワハラの相談」といった様々な窓口があったものの、古川さんは「今、自分が悩んでいる問題が、どれに該当するのか分からなかった」と言う。

こうした悩みは取材の中で繰り返し聞いたものだった。「大人のいじめ」という言葉がまだ定着していない現状で、多くの被害者が、「とても辛く、理不尽で、怒りを覚えるが、これは何という問題なのだろうか」という言葉にできないもどかしさを抱えている。

このような事例は「パワハラ」ではないのか、という疑問をもつ人も多いかと思う。「パワハラ」と「大人のいじめ」とは、重なる部分と異なる部分があり、その境界も曖昧だ。第2章で詳しく見るが、「パワハラ」は近年ようやく法的な位置づけがなされ始めたばかり。古川さんにしても、「パワハラとは違うのではないか」と感じたという。

このように、自分が置かれている状況に名前を付けられないことで、解決の糸口を見つけられなかったり、「自分にも原因があったのかもしれない」と自らを責めてしまう人もいる。「いじめ」は子どもの問題であるという固定観念が被害者にある場合も多く、自分自身が「いじめ被害者」であるという事実を受け入れられない人も少なくない。取材した実感では、こうした傾向は男性により多く見られるように感じる。

古川さんは、上司に相談しても解決を期待できないことを痛感し、転職することで耐え難い職場から逃れることを考えた。ところが、訪れたハローワークで言われたのは「50歳に近いあなたの年齢で、正社員・事務職はない」「どこを選んでも、条件面では今の職場よりも下がる」という言葉。シングルマザーとして、まだ学生の子ども二人を養っていた古川さんにとって、収入を下げることは難しい選択だった。

古川さんは、今も同じ会社に勤め続けている。ひき続き、ボスの本田とは目が合えば嫌みを言われるものの、昼食時には自宅に戻るなど、「会社は仕事をこなす場所」と割り切り、あえて目を逸らすように生きている。

また、ひとりで抱え込まずに積極的に娘に愚痴を言うようにもなった。娘が自分のことのように怒ってくれることもあり、気が紛れるというのだ。仕事一辺倒で働いてきたライフスタイルを少し見直したことで、以前に比べて体調も改善された。

内部にも外部にも相談する相手がおらず、また、環境を変えることも難しい。「子どものいじめ」の場合は別の学校へ転校することで結果的に「終わる」こともあるが、「大人のいじめ」は経済的な事情や、認知が十分になされていないことによって長期化・深刻化する傾向がある。「大人のいじめ」が法的・社会的に十分に認知され定義されていないことこそが、この問題の解決の難しさを生み出している。

古川さんのいじめでは、ボス・本田の存在が、いじめを陰惨化・長期化させる原因となった。

多くの「大人のいじめ」にはこうしたボスがいることが多い。次の事例もボスが、職場の雰囲気全体を支配してしまったケースだ。

【「独自ルール」を次々と作るボス　～岡さん（仮名）の場合～】

絶対的なボスが存在し、ボスの指示で日々のいじめのターゲットが変わっていくケースもある。北陸地方に暮らす岡さん（50代女性・仮名）が勤めていた幼稚園では、50代の女性教頭・山田（仮名）がいじめを文字通り〝取り仕切って〟いた。

毎日の朝礼の前後、ボス・山田から取り巻きの教諭に「今日は、アイツね」というニュアンスで目配せが送られる。「今日のいじめのターゲットは彼・彼女」という合図だ。目をつけられたターゲットは、ボスと取り巻きから一日中監視され、どんな小さなミスもボスに報告される。そのミスが「いじめ」のネタになるのだ。よくターゲットとされたのが、園児の送迎用のバスの運転をしている気の弱い60代の男性と、入職したての20代前半の女性だった。

ミス自体は、岡さんから見ても軽いものだった。園児に急に呼ばれたため、園芸作業で使っていたスコップを置き忘れてしまったり、バスを駐車場に入庫したあとにカラーコーンを戻し忘れたなど、気が付いた人が簡単にフォローできるようなものだった。

しかし、どんな小さなミスであってもボスとその取り巻きは見逃さない。「なぜ、こんなことをしたのか」「以前にもあったが反省していないのか」「やる気がないのか」と、ボスを中心に取り囲み、何十分も延々と問い続けるのだ。その雰囲気は、ほとんど「恫喝」と呼べるようなものだった。

さらに、ターゲットになったものは、分かりやすく孤立させられる。午後３時頃の職員一同でおやつを食べる休憩時間には、目をつけられた教諭は休憩室から締め出され鍵をかけられ入れなくなった。こうしたいじめを受けたあと「もう、怖い」と言いながら震えていた若い女性教諭を、岡さんは慰めたこともあるという。

また、発端となる〝ミス〟にも、理不尽なものが多くあった。園内には、ボス・山田が作った「独自ルール」が無数にあったのだ。

たとえば、幼稚園に通う子どもたちに行う身体測定のことを「身測《しんそく》」と呼んだり、手作り弁当のことを「手弁《てべん》」と呼ぶ決まりになっていた。

しかし、入職したばかりの教諭は、そうした言葉の意味が分からない。しかし、言葉の意味を確認すると「そんなことも知らないのか！」と、皆の前でボス・山田から罵倒される。繰り返し罵倒されるうちに聞きに行くのが怖くなるが、聞かなければそれはそれで指示の意味が分からず、ミスをしてしまう。そうなると、そのミスに関して厳しく叱責を受ける。

そんな状況を見かね、岡さんはいつも怒られている若い女性教諭に、こっそりと言葉の意味を教えたことがあった。すると、教えたことを知ったボス・山田は、岡さんに対して、「なぜ教えたんだ！　自分から質問させろ」と怒鳴ったという。何があっても、いじめる口実・きっかけを作ろうとしているのだと、岡さんは感じた。

誰が信用できるのか分からない

労働問題の解決に力を入れている社会保険労務士の須田美貴《すだみき》さんに「いじめの相談が多い業種」について伺ったところ、返ってきたのは「学校」と「医療機関」という答えだった。須田さんいわく、両者に共通するのは、「責任の所在が分かりにくい」、または「職場に相談窓口のない場合が多い」ことだという。どちらも人事部がなかったり、人事の決定権が特定の人に偏っていたりすることが多いのだという。また、仕事についての専門知識はあるが、ハラスメントについての知識が乏しい場合も多く、それが職場内で「大人のいじめ」が放置され深刻化する理由のひとつであると指摘する。

岡さんの職場も、まさに社労士・須田さんが指摘するような構造がそのまま当てはまっていた。

岡さんが勤めていた幼稚園では、教頭である山田の上に園長がいた。しかし、この人は直前まで小学校の校長先生をしており、小学校を退職したあと、いわゆる「天下り」のような形で幼稚園に園長として就任。そのため、幼稚園の現場経験もなく、実務面のことはほとんど分からない。まさに「お飾り」の園長だった。

そんな園長にとっては、現場の規律を厳しくピリッと締めるボス・山田は、心強く、頼れる存在だった。すくなくとも、園長でありながら、教頭・山田を強く指導できる空気ではなかった。

教頭・山田が支配する職場の空気に耐えかねた岡さんは、職場を変わりたいと考え、園長を訪ね「異動願い」を提出。ところが、その直後にボス・山田から急な呼び出しを受ける。岡さんに向かって「私のことが気に入らないのか?」と厳しく問い詰めてきた。

山田に知られないように、ひそかに園長にだけ異動の希望を伝えていたはずだった。しかし、園内の人事について、どう判断すればよいか分からなかった園長は、岡さんの「異動願い」のことを信頼している山田に話してしまっていたのだった。こうした人間関係や人事についての配慮は、園長には望むべくもなかったのだ。

希望が叶っての異動。しかし、異動先で見たのは……

異動希望を出せないようなプレッシャーを受けながらも最終的に異動が決まった岡さん。仕返しに怯えながらの恐怖の日々に耐え、新たな職場で心機一転、仕事に打ち込み子どもたちと向き合おうと心に誓った。ところが、異動先の幼稚園で見た光景に、岡さんは自らの目を疑った。

異動した幼稚園には、かつてボス・山田からいじめられていた20代の若い女性教諭・小池さん（仮名）がいた。おやつの時間などに休憩室から締め出され、「もう、怖い」と震えていたあの女性である。彼女は、その後、日々顔色が悪くなっていき、目に見えて痩《や》せていった。小池さんの様子がおかしいことに気付いた、別の園の園長の申し入れで異動していたのだ。岡さんもまた、小池さんを心配し何度となくかばい慰めてきたこともあり、その異動を喜んだ。

ところが、そのいじめられてきた小池さんが、新しい職場ではいじめの加害者になっていたのだ。同僚への口調は厳しく、失敗を見つけては罵倒。人の失敗を上司に〝告げ口〟し、自らの責任を押し付けるなど、その様子は、かつてのいじめのボス・山田のやり方そのものだった。その様子を見かねた岡さんが、たしなめるように指摘すると、小池さんは気まずそうな顔をしながらも「だって、あの人、仕事できないんですもん」と開き直った。

小池さんがいじめを受け、以前の幼稚園から去る時、彼女を励ますつもりで岡さんは「この幼稚園でされたようなことは、絶対にしないような先生になろうね」と言葉をかけ、見送った。しかし、その期待は裏切られたのだ。

新しい職場で小池さんは、とにかく「何でもできます」「任せてください」と声をあげ、テキパキ働く、できる教諭像を作り上げていた。自分がいじめられていたという記憶や印象を、新しい職場では一切過去のものとしているようで、その姿はほとんど別人だった。けれど、その裏では、いじめの加害者として職場を取り仕切っていた。

変わってしまった小池さんの様子に、岡さんは「人を育てる側の人間が、やってはいけないことをしている。子どもに関わってはならない人間になってしまった」と大きな失望と、やりきれなさを抱いた。

今回の取材の中で、「いじめ加害者」にも話を聞いた。加害者からは「かつては自分もいじめられていた」「どちらかといえば、自分は被害者だ」という発言を聞くことも少なくない。また、彼ら・彼女たちが、いじめの加害者に回った場合、その「いじめのやり方」が過去に自分自身が受けた「いじめ」とよく似ていることが多いのだ。

一度いじめられた人は、環境が変わった際に、「新しい環境で、また、いじめられるのではないか」と身構えてしまう。それに対する対策として、「弱いと思われたらいじめられる」と考えてしまうようだ。

中には「いじめられて、あんな辛い思いをするなら、いじめる側に回った方がいい」と考える人もいる。いじめる側に回ったことを「いろんな職場を見て、私も強くなったので」と説明する加害者までいた。

こうした加害者側の心理については、改めて考えたいと思う。

退職しても消えないトラウマと後悔

岡さんに話を戻そう。

岡さんは、ボスの支配する幼稚園を離れて、新しい幼稚園に移り数年は働いていたが、結局、定年を前に退職した。退職の一番の理由は「いじめを止められなかった」という無力感と自責の念にあったという。

いじめには「被害者」「加害者」以外にも、「傍観者」となる人たちが必ずいる。傍観者がいることで、加害者は「黙認されている」と感じ、いじめの長期化・固定化に一役買ってしまう。

傍観者は、自らが直接いじめに加担していなかったとしても、間接的に関わってしまったという意識を持ち、それによって自らを責めてしまうのだ。

岡さんは幼稚園を辞め5年以上が経過したが、現在も、いじめの「トラウマ」は残っていると語る。
ボスのいた幼稚園がある地域に近づくと、動悸が激しくなったり、下痢や不眠など体に反応が出るなど、今も足を踏み入れることができないのだ。幼稚園に向かう道中、車の窓から見える海を見ると、「この海に入って死んでしまいたい」と暗い気分になった当時のことを思い出す。
たとえ大人になったとしても、人は「いじめ」に強くなるわけではない。むしろ、大人だからこそ、被害を受けていることを誰にも打ち明けられなかったり、生活のために何年もの長期にわたり我慢し続けた結果、心に深刻な傷を負う人もいる。犯罪ともパワハラとも言い難い、「大人のいじめ」という曖昧な攻撃の背後で、今も多くの人が人知れず苦しんでいるのかもしれない。

【仕事ができる人がいじめられるケースも　～坂本さん（仮名）の場合～】

これまで、主に加害者が女性の場合を見てきたが、男性が加害者となるケースについても見ていきたい。いじめ加害者が女性の場合、いじめの原因となるのは嫉妬や、仕事が遅く和を乱す場合や、女性同士のマウンティングから起こることが多い。一方で、男性が積極的にいじめに加担する場合は、「自信のなさ」からいじめたり、プライドを傷つけられたことから、いじめを始めることが多い。

北海道の病院で作業療法士として務めていた坂本さん（30代女性・仮名）のケースでは、仕事ができることで、男性上司からいじめを受けるようになった。

坂本さんが働く精神科の医療現場では、近年、治療法について大きな転換点を迎えていた。かつての精神科病院では、病棟の出入り口に施錠を行う「閉鎖病棟」が多かったが、患者への負担軽減や人権的な配慮から、都市部を中心に「開放病棟」への転換が進んでいる。

坂本さんは先進的な精神科病院で作業療法士として10年あまり勤務し、豊富な経験を持っていた。その経験を期待され、現場に新しい治療方法を普及させることを求められて転勤したのだった。

新たな病院で坂本さんの上司となったのが、後に坂本さんを苦しめる石神（仮名）であった。石神は当時で40歳前後、働き始めた時からここに勤め、ここのやり方しか知らない、いわゆる「たたき上げ」だ。

彼女は「ソーシャル・スキル・トレーニング」と呼ばれる手法を新しい病院に浸透させるために、マニュアルを作成。利用者相手に実践する時には、必ず彼女が参加するようにして他のスタッフをケアしながら行う体制を取るように上司・石神にも伝え、了承を得ていた。

当初は、これまでとは違った手法に困惑していた石神や他のスタッフも、利用者の反応が以前に比べて目に見えて改善していくのを見て、少しずつ坂本さんのことを認め始めていた。坂本さん自身も、「ようやくチームの一員になれたのではないか」と手応えを感じていた。

上司・石神も「新しい取り組みで不安だけれど」と言いながら、なんとか新しい手法を吸収しようと、積極的に坂本さんと意思疎通を図っていた。時には、

「坂本さんの方法の良さが分かってきた気がする」「さらなる医療の向上を目指したい」と前向きに心意気を語るなど、上司としても理解があり、志の高い人物に見えた。

しかし、石神はしばしば「怖い」という言葉を口にしていた。「坂本さんが大きな病院で見てきたことを、自分が理解できないことが怖い」「坂本さんに置いていかれるのではないかと思うと怖い」と不安を吐露することもあった。

しかし、治療プログラムが功を奏していたこともあり、坂本さんは、その言葉の真意を深く考えることができなかった。彼の不安にもう少し寄り添えていたら、違っていたかもしれないと後悔を口にしていた。

事件が起きたのは、坂本さんが病院に移って1年が経過したある日のこと。その頃、家族の体調が優れず、坂本さんはしばしば、家族の通院に付き添っていた。

その日も病院ではプログラムが組まれていたが、坂本さんはどうしても参加することができなかった。パートナーを組むのは石神だった。坂本さんは彼に引き継ぎを行なった上で、欠勤する了承を得ていた。坂本さんとともに1年間実践してきた石神なら、うまくできるだろうと考えたのだ。

ところが、石神の中では、その日のプログラムは失敗と判断しているようだった。そして、その理由を、坂本さんが仕事を自分に押しつけたせいだと感じているようだった。

坂本さんが異常に気付いたのは、翌朝。石神に「おはようございます」と挨拶をするも、まったく反応がない。その様子にただならぬ雰囲気を感じ取ったのか、同じチーム内の若手職員も上司の石神に合わせるように彼女のことを無視。まるで坂本さんが存在しないかのように振る舞い始めた。

とはいえ、利用者に適切な治療を行うための情報を共有するためのミーティングは毎日行わなければならない。いくら挨拶を無視されようとも、石神やその他のスタッフと情報を伝え合う時間は必要だった。

ミーティングで坂本さんが報告を終えるや、隣の席の石神は大きなため息をついたり、立ち上がる際、デスクの引き出しを用もなく開けては激しく閉め、オフィスに響き渡るほどの物音を立てた。資料の束を坂本さんに渡す時も、机に叩きつけ、粗雑に扱われた書類は地面に散らばった。

坂本さんは「何がなんだか、わけが分からない」と戸惑ったが、自分に対する怒りを抱いていることだけは分かった。ひょっとしたら自分が不在にした日に、準備していたプログラムが失敗したのではないかと想像し、利用者などにも確認してみたが「いつも通りよかった」「楽しかったよ」と答えてくれた。

理由も分からないまま無視されること1か月。石神が突然に人を集め「今日は、坂本さんのことについて会議をします」と宣言した。

そして、開口一番石神が坂本さんに対して、「今回のことについての坂本さんの思いを語ってください」と告げた。

坂本さんには、一体何が始まったのか、何を求められているのかも分からず、その疑問をそのまま石神にぶつけた。

「これは、一体、何の時間ですか？」

　すると石神は、

「あの日のプログラムで、君しか知らないことを僕に押しつけ、フォローもしなかったことが許せない」

　しかし、あの日、十分な引き継ぎを行なったはずだと、坂本さんは思った。後日、利用者に確認しても大きな失敗があったようには思えなかった。だから、石神がここまで自分を責め立てる理由がわからなかった。

　坂本さんは、石神に言葉の真意を確認しようとした。しかし石神からは、

「何も分からないなんて、精神科に勤める人間としてどうなのか？　君が何も分かっていないということが分かったから、もういい」

と一方的に罵倒され呆れられ、会議を打ち切られたのだった。

　その日の帰り道、坂本さんはあまりに理不尽な仕打ちに対しての怒りと情けなさから、涙が止まらなかったという。

　それから、石神たちは1年間続けてきた坂本さんの治療法を一切行わなくな

り、元のやり方へ完全に戻してしまった。坂本さんに対する嫌がらせもエスカレートし、必要な情報を自分だけもらえなかったことで、利用者の前でもうまくふるまえないなど仕事にも悪影響が出始めた。

DV被害者のような心理

こうした「いじめ」の中で坂本さんを苦しめたのは、意外にも怒りや恐怖といった感情ではなく、「私が悪かったのだろうか」という自問と自責の念だったという。

仕事の引き継ぎに問題はなかったはずだし、石神の自分に対する理不尽な仕打ちに対して「おかしい」という思いは今も変わらない。しかし、同時に「石神をあんなふうにしてしまったのは自分かもしれない」「謝って彼の意に沿うようにすべきだったのだろうか」「自分が人間的に未熟だったのかもしれない」など、こうなってしまった原因が自分にあるのではないかと考えることが多くなったというのだ。

坂本さんはそうした感情と向き合う時、自らがカウンセリングしてきたDV被害者のことを思い出したという。DV被害者もまた、被害者であるにもかかわらず、DVが起きてしまった原因が自分にあると感じるなど、本来は加害者に向かうはずの怒りが、自分に向いてしまうことがあるという。

加害者のプライドの高さ

取材をしながら私は「理解ある上司に見えた石神が、なぜ豹変したのか」という疑問が消えなかった。そこで、坂本さんに「石神はどんな人だったのか」ということをもう少し聞いてみた。

坂本さんによると、石神は「プライドが高く、こうあるべきという考えが強い人だった」という。石神は家庭環境が複雑で、「自分は機能不全の家庭で育ったアダルトチルドレンかもしれない」と、坂本さんに自嘲気味に話すこともあった。石神は父親に対する嫌悪感を抱きながらも、「男は強くなければならない」「弱音を吐いてはならない」という男性観も持っていたという。

その一方で、坂本さんが導入しようとしていた新しいリハビリ方法への不安を口にすることもあった。前述した「怖い」という言葉だけでなく、「どんどん進んでいかないで、僕の方も見てよ」と坂本さんに言うこともあった。強い男像と不安の間で、想像以上に苦しんでいたのかもしれない、と坂本さんは振り返る。

しかし、たとえ石神が複雑な過去や強い葛藤を抱えていたとしても、坂本さんが心に大きな傷を負ったことには変わりはないし、坂本さんに対する「いじめ」が許されるものではない。その後まもなくして、坂本さんはメンタルが不調となり、3年にわたりメンタルクリニックに通った。

今でも、扉が閉まる大きな音や、紙がどさっと落ちる音を聞くと、石神が乱暴に机や資料を扱っていた時の映像がフラッシュバックし、体の震えが止まらなくなるという。

【ご近所付き合いは「現代の村八分」　〜金子さん（仮名）の場合〜】

「大人のいじめ」が起きやすい場所の特徴のひとつに「人間関係が固定化し、逃げられない」ことがある。

職場以外でこうした環境が作られやすいのが、近所付き合いが密な集合住宅である。

東京の郊外に住む金子さん（30代女性・仮名）は、二人の子どもと三人で築20年のアパートに住んでいた。小さなアパートであったが日当たりはよく、1階の住居には15畳程度の庭もついているなど、よい物件だった。10世帯が暮らすアパート内の人付き合いも盛んで、居心地のよい住環境だった。

いじめが起きるまでは。

建築から20年という経年劣化のためだろうか、ある時期より、どこかの家で洗濯機を回したり、洗い物をすると、その振動に反応するように床下から「カンカンカン」と異音が響くようになった。金子さんによると、「消防自動車のカンカンカンという音を小さくしたような音が、夜中から夜明けまで200回以上聞こえた」という。

どうやら排水管のどこかに異常があるようだった。その音は金子さん宅の室内で特に大きく響くが、音が全く聞こえないという人もいて、生活への影響は家庭によってまちまちだった。

しかし、金子さんにとっては深刻な問題だった。深夜でも、どこかの家で家事を行なっているのか、カンカンという音が響き、眠れない日々が続いた。

このままでは体がもたないと考えた金子さんは、アパートの管理会社に連絡。原因究明と解決を求めると、全世帯の居住状況を確認することとなった。

アパートの管理会社の担当者が部屋を訪れ確認したところ、たしかに床から異音が聞こえてきた。そこで各家庭への立ち入り調査が行われたが、原因は最後まで分からずじまいだった。

しかし、この調査によって予期せぬことが起きた。アパートの居住者の様々なルール違反が明らかになったのだ。

たとえば、アパートの庭では「ネズミなどが出るため家庭菜園は行なってはならない」というルールがあった。ところが、管理会社が確認したことで、とある夫婦が庭で家庭菜園を行なっていたことが発覚した。

また、根本的な原因が解明できなかったことから、「夜間は家事を行わない」というルールがアパートに設けられた。

こうしたルール変更に伴い、生活スタイルの変更を余儀なくされた住民もいて、彼らの間で不満が溜まった。その不満の矛先が、管理会社への調査を訴えた金子さんへと向かうことになった。

退去を求められ、ベランダに包丁が投げ込まれた

アパートのルール変更をきっかけに、様々な嫌がらせが始まった。金子さんや金子さんの娘に対する根も葉もない噂が広められるようになり、その後「金子さんの退去を求める」という文書が管理会社に届いたのだ。

そこには、アパートに暮らす全住人の名前が署名されていた。文書がパソコンで作成されたもので押印もなかったため、おかしく思ったアパートの管理会社が各世帯を一軒ずつ回り確認。すると、居住者に野菜を配っていた夫婦が「名前を貸してくれ、と言われたので承諾した」と答えた。

しかし、そう言っていた夫婦が実は、首謀者だったのだ。彼らが周囲を巻き込むことで、他の住人からも挨拶を無視されるようになった。また別の70代の老夫婦からは、すれ違いざまに「おたくのせいで、こんなに大騒ぎになった」と嫌みを言われたり、当時小学生だった子どもたちも住人に怒鳴られるなど、身の危険を感じるほどになっていた。

金子さんに対するいじめに積極的に加担しない住人でも、野菜を配る夫婦や70代の夫婦など「声の大きい人」に逆らうと、面倒が降りかかるのではないかと恐れ、無視や署名に手を貸したようだった。こうした状況に、金子さんは「人は長いものにまかれる」「現代の村八分だ」と感じたという。

このような生活のストレスから子どもたちは循環器の病気を患い、学校での体育の授業などにも出席できなくなってしまった。また、金子さん自身も急に脈が速くなる発作を持病として抱えるようになってしまった。

中でも、金子さんが特に強い恐怖を感じたのが、ベランダに包丁を投げ込まれたこと。さすがに身の危険を感じ警察にも届け出たが、警察からは「現場を取り押さえないと対処できない」と言われてしまった。弁護士などにも相談したが、証拠がなければ解決が難しく、引っ越しを勧められたという。

これだけの嫌がらせを受けながらも、犯罪にならないことに理不尽さを感じ、「大人になっても、こんな子どもじみたいじめをする人がいるのか」と衝撃を受けたという。

騒音のトラブルから1年経っても、直接的・間接的な嫌がらせが続き、金子さんは引っ越しを検討し始めた。お金を工面する目処が立たず、途方に暮れていたところに、救いの手が差し伸べられた。1年以上、住人間のトラブルの間に入っていたアパートの管理会社の担当者が、会社と掛け合い、引っ越し費用を負担してくれることになったのだ。その後、金子さんは引っ越しを行なった先で平穏に暮らすことができているという。

【高校時代の「スクールカースト」は50歳を過ぎた同窓会でも〜糸原さん(仮名)の場合〜】

「大人のいじめ」が起きる現場は実に多種多様だ。NHKの番組「あさイチ」に寄せられる声には、職場やご近所付き合いの中での体験談が多いが、中には「え？　まさか、そんなところでも起きるの？」と驚くケースも少なくない。

たとえば、趣味のサークルや同窓会である。

「子どものいじめ」の背景としてしばしば挙げられる学校内の「スクールカースト」。

スクールカーストとは、たとえば「スポーツができる」「かっこいい」「かわいい」「目立つ」といった要素により、子どもたちの間にできる「上下関係」のようなものである。スクールカーストで「上」のものが、「下」のものをいじめるというのが、子どものいじめの基本的な構図だ。

この「スクールカースト」が、卒業して30年経ったあとも残っており、そこから理不尽な嫌がらせが行われるという事例を紹介したい。

糸原さん（50代女性・仮名）は50歳になった時、人生の一区切りの意味も込めて、かつての級友たちに会い近況報告を行なったり、無事に年を重ねてきたことをお互いに祝いたいと思った。そこで、中学校の学年全体の同窓会を開くことを提案した。

これまでも、クラス単位の同窓会が開かれたことはあったが、学年全体の同窓会は初めて。恩師にあたる当時の先生も80歳を超え、「これが最後の機会かもしれない」と思うと、糸原さんも企画に力が入った。

糸原さんと同じクラスの男性の二人が発起人となり、各クラスから男女二人ずつを幹事として立ててもらうことをお願いした。幹事にはクラスごとのとりまとめを行なってもらい、糸原さんたちは会場となるホテルの手配を進めた。かなりの人数が集まることが予想されたので、１００人以上が入る会場があり、さらに高齢となった恩師にとってもアクセスしやすい場所を選んだ。ホテル側の対応は親切で、大規模な宴会を行うお礼として、荷物置き場として会議室を無料で貸してくれたり、ワインのサービスなども提案してくれた。

ところが、糸原さんと共に総幹事を行なっていた男性幹事が病気で幹事を降りなければならなくなった頃から、雲行きが怪しくなってきた。他の幹事が急に、「場所を変えたい」と言いだしたのだ。

その中心にいたのが、かつて「マドンナ」と言われた女性・萩原（仮名）である。マドンナ・萩原は特に彼女と親しかった男性幹事数人とともに、糸原さんを喫茶店に呼び出し、「今の会場では全員が入らない」「プロジェクターを使った映像紹介などができない」といった理由を挙げて、場所を変えるべきだと強く主張。

糸原さんが現在の会場で開催するよう説得するが、首を縦に振らず、挙げ句の果てには、喫茶店で大きな声で泣き始め、周囲の男性幹事も彼女をかばう始末。そして、萩原と男性幹事たちは、「糸原さんが幹事だと、みんなのやりたいことができない」と訴え、糸原さんに幹事を降りることまで求めてきた。糸原さんが幹事を辞めないなら、他のクラスの幹事は協力しないとも言いだすなど、糸原さんにとってはほとんど「脅し」に感じた。

萩原は裏で、「自分がいかに他の会場の選択肢を必死に探したか。それを糸原さんに否定されていかに傷ついたか」について語る長いメールを他の幹事全員に送っていたという。いずれも、糸原さんには身に覚えのない話だったが、そうしたやりとりが行われていたことを知ったのは、幹事を降りたあとだった。

糸原さんは、目の前でわんわんと泣きながら自分のわがままを通そうとするマドンナ・萩原と、その彼女を「騎士気取り」で擁護する男たちに囲まれながら、30年以上前にもあった中学校の「スクールカースト」を思い出していた。

当時、「学年で一番かわいい」と言われていた萩原のまわりには、彼女をちやほやする男子生徒が集まり、女子生徒たちにも人気だった。しかし、彼女たちも萩原よりは目立たないようにと注意していた。当時から、萩原は自分が輪の中心でないと気が済まなかったのだ。彼女に目を付けられた糸原さんの友人は、男子からも女子からも無視や悪口といったいじめを受けたことがあった。

萩原は学校を卒業後、アナウンサーになったそうだが、30歳を過ぎた頃から仕事が少なくなり、表舞台に立つことはほとんどなくなっていた。プライベートでも、夫とうまくいかずに別居中だという噂は、同窓生の間では公然の秘密だった。

糸原さんには、「自分の人生が満たされていない鬱憤を、同窓会で晴らそうとしている」ように見えた。

糸原さんは納得できなかったが、同窓会本番まで時間がなかった。ここで幹事全員に辞められては、同窓会は開けない。参加を楽しみにしている恩師や級友のことを考えると、自分が引くしかなかった。

そして、半年間の時間をかけて交渉し、様々な便宜を図ってくれていたホテルに対しても、今後の利用を約束して泣く泣く断った。断りの連絡を入れるのは糸原さんの役目だった。

結果的にマドンナたちに選ばれた会場は、糸原さんが初めに押さえたホテルよりも小規模で、定員はわずか八十人だった。参加者は百二十人を超えたが会場が狭すぎたため、多くの人が会場内には入れなかった。仕方なく、多くの参加者が会場の外のロビーで立ち話をする形になってしまった。

また、参加費をめぐるお金の面でも、参加者から不満の声が上がった。最終的に借りた会場は、同じ中学校の先輩の厚意により大きな値引きをしてもらっていた。その金額は10万円以上に及ぶのだが、参加費にはまったく還元されず、すべて幹事たちの打ち上げ費用に変わってしまったのだ。

もちろん、糸原さんは打ち上げには呼ばれず、また、発起人として同窓会開催の立ち上げ準備をしたことについての労いもなかった。

この後も、同窓会が行われたようだが、幹事たちが参加者を意図的に決めるようになってしまったようで、糸原さんには案内状は来なかった。次第に、同窓会が一部の幹事たちにより私物化されていることが同窓生の間にも広く知られ、年々、参加者も減っているという。

この状況について、糸原さんは、「一体、何のための同窓会なのだろう。ため息と怒り、切なさがこみ上げてきます」と語る。中学校での青春という思い出が、50歳を過ぎてから、まさかこんな形で汚されることになるとは想像もしなかったという。

【子どもにまで連鎖する「ママ友いじめ」の怖さ 〜鈴木さん(仮名)の場合〜】

NHKの番組「あさイチ」には女性からの悩みが多く寄せられる。その中で「職場」と並んで目立つのが「ママ友」からのいじめだ。「ママ友いじめ」が他の「大人のいじめ」と大きく違う点は、間に子どもが介在している点だ。その結果、「子どもを人質にとられているようだ」と訴える被害者もいた。

親同士の不穏な人間関係は、子どもにも伝わることが少なくない。そこから

「子ども間のいじめ」に発展することもある。周囲も下手なことをすると、「自分の子がいじめられるのではないか」という不安から、傍観者になりがちなのだ。

番組に声を寄せてくれた関東在住の鈴木さん（40代女性・仮名）。

加害者グループのひとり、そして被害者の双方が近所に住んでいた。どちらの母親とも、子どもが幼稚園の時からの5年以上の付き合いになるという。

子どもたちはみな小学3年生で同級生ということもあり、普段から学校行事の連絡や、子どもたちの様子、教員たちの評判についてなど、情報交換を頻繁に行なってきた。

ある日、鈴木さんの携帯電話に、道を挟んで向かい側に住んでいる塚本さん（仮名）から連絡が入った。「ちょっと相談したいんだけど……」とめずらしく改まった様子で、不思議に思ったという。

塚本さんは友人が多く、集まれば彼女が話の輪の中心になるような明るい人物だ。しかし、その日はいつになく暗い声で、悩んでいる様子だった。

直接会って詳しく聞くと、およそ十人のママ友のグループから、数年前からいじめを受けているということだった。

そのグループは子どもたちが保育園の頃からの付き合いだという。かつては、塚本さんもそのママ友グループの一員で、お互いの家を行き来しながらお茶会なども開いていたという。

ところが、ある時期から、「ＬＩＮＥグループ」から除外するなど、あからさまに塚本さんだけを避けるようになったという。塚本さんは自分だけが無視されている状況なら、別のママ友グループと交流すればよいと割り切っていたのだが、「いじめ」が娘・さくらさん（9歳・仮名）まで巻き込み始めたことで、我慢できなくなり相談したというのだ。


子どもを巻き込んだいじめは、陰湿なものだった。

ある日、娘・さくらさんの担任の教員から、学校への呼び出しを受けたという塚本さん。娘とともに学校へ赴くと、担任からいきなりこう言われた。

「さくらさんがクラスメイトの女の子を殴ったという声が複数の保護者から届いている。それは本当ですか？　お母さんは何か知っていますか？」

塚本さんとしては、まさに寝耳に水であった。担任に詳しく聞いてみると、さくらさんのクラスメイト七人ほどの連絡帳に、それぞれの保護者から「さくらさんに暴力を振るわれた」と書かれていたという。しかし、さくらさん本人に確認してみると、身に覚えがないという。

おかしいと感じた担任の教員が、「暴力を振るわれた」と保護者が連絡帳に書いていた子どもたちに確認。すると、子どもたちも「さくらさんに暴力を振るわれたことはない」と言う。その上で、それぞれの母親に確認すると、あるひとりの保護者から、日付まで指定した上で「さくらさんに暴力を振るわれた」と連略帳に書くように指示されたという話が出てきた。

この指示をしたという保護者・織田（仮名）が、いわゆる「ボスママ」であり、いじめの中心人物であった。しかし、保護者たちはなぜ、織田の提案に従ったのだろうか。ましてひとりや二人ではなく、五人以上も。その事情を担任が聞いていくと、どうやら織田というのは、ママ友グループの中でも、敵に回すとかなり怖い相手だというのだ。

　ママ友グループの集まりでも、「私に逆らったらどうなるか分かってるよね？」と脅すようなことも度々あった。また、過去には、彼女に目を付けられた親子が、今回のように根も葉もない噂を流されて、引っ越し・転校を余儀なくされたこともあった。

　織田は執念深く、いじめられた人が引っ越したところでも攻撃をやめない。知人をつてに転校先の学校にも噂を流し、目を付けられた親子が、転校した先の学校でもまた肩身の狭い思いをしながら過ごしているという話は、多くの保護者が耳にしていた。

　こうしたことが重なり、さくらさんが暴力を振るったのかどうかを自分の子どもに確認することなく、織田さんからの話だけで連絡帳に書いてしまった。それがことの顚末のようだった。

経緯が分かった担任の教員は果たして真摯に問題を解決しようとしたのだろうか。ボスママ・織田に「注意した」と言うが、織田のいじめは収まらず、むしろ、火に油を注ぐ形となった。

子どもたちの間で、露骨な「さくらさん外し」が始まったのだ。

今、小学校では安全性の観点から集団での登下校を勧めている。しかし、さくらさんが下校の集団に加わろうとすると、その中のひとりから、

「ママからさくらさんとは一緒に帰っちゃだめって言われてるの。ごめんね」

と言われたというのだ。

以来、さくらさんはひとりで下校せざるを得なくなった。

さらに、ママ友グループからの嫌がらせはエスカレート。塚本さんが自宅の前に駐車していた自家用車に傷が付けられたり、家のドアに蹴られたような足跡がついていたこともあった。

しかし、犯行現場を直接見たわけでもないので、被害届を出すこともできな

い。そこで、塚本さんは玄関先に防犯カメラを設置することにした。

しかし、すぐ近所に住むいじめグループのひとりから、

「監視されているようで気持ち悪いからやめてくれない？」

と言われ、カメラを外すしかなかったという。

塚本さん家族は、一軒家を購入したばかりだった。ローンも残っていたが、娘の身を案じると引っ越すことも考えた。しかし、家族内で話し合うと、娘のさくらさんが、「それでも、仲の良い友達もいるから転校するのはいやだ」と泣きながら訴えたのだという。

塚本さんは、その様子に、胸が張り裂けそうな思いになったという。一体どうすればよいのか、途方に暮れてしまい、鈴木さんを頼ったというのだ。

相談を受けた鈴木さんは、普段は明るい塚本さんの初めて見る沈痛な表情にショックを受けた。しかし、彼女を助けてあげたいと思いながらも、なかなか動けず、「傍観者」になってしまったというのだ。

理由は、ママ友たちの情報網である。鈴木さんの家の隣には、いじめを行うママ友グループのひとりが住んでいる。その人と道端で顔を合わせると、塚本さんの悪口や、娘・さくらさんが友達に暴力を振るう噂などを話してきた。「なるべく関わらない方がいいよ」という忠告までされたという。

いじめられている塚本さんの肩を持つことで、ママ友グループを敵に回してしまうかもしれない。さらには、わが子も塚本さんの娘・さくらさんのような嫌がらせを受けてしまうかもしれない。そう考えると、動くことができず、ただ話を聞くことしかできなかったと鈴木さんは語る。

いじめのキーパーソン「傍観者」

いじめには、常に傍観者がいる。そして、いじめが継続的に行われるかどうかにおいて、傍観者が果たす役割というのは非常に大きいと語るのが、いじめを科学的な見地から研究している大阪大学特任講師の和久田学《わくたまなぶ》さんだ。

「大人のいじめ」についての調査は、世界的に見てもまだ十分ではないが、「子どものいじめ」に関しては蓄積された調査がある。その調査からは、「傍観者が解決に動くほど、いじめの収束は顕著に早くなる」ということが分かっている。

一方で、傍観者が何もしない場合、加害者側は自分たちが行なっている行為は周囲も認めている行為であり、特に問題がある行為ではないのだという認識を強くしていく。加害者の中で、いじめが正当化されてしまうというのだ。

また、いじめの傍観者への影響も無視できない。これも「子どものいじめ」に関する研究ではあるが、「いじめを目撃すること」は、いつ自分がいじめのターゲットになるかというストレスに常にさらされることでもあり、いじめの被害者と同様のストレスを受けるという研究結果もある。

大人と子どもという違いはあれど、鈴木さんが体験したケースでも「自分が被害者になるかもしれない」という心理から、傍観者になってしまったという点は共通している。

加害者となったママ友グループのメンバーも、ボスママから目をつけられることを恐れるあまり、いじめに加担してしまったのかもしれない。

学校はなぜ対応しないのか？

こうした状況に学校は対策を講じなかったのだろうか。相談を受けた鈴木さんも、学校や担任の教員への相談を、被害者である塚本さんに勧めたことがあった。しかし、他の取材でも同様のケースはいくつもあったが、いずれの被害者も異口同音に語ったのは「学校は何もしてくれない」ということだ。

塚本さんの場合は、教員に相談したものの「先方の保護者には伝えておきましたので、大丈夫かと思います」と切り上げられたのだった。

また別の学校のケースでは、小学校で行なっている合唱の活動の参加・不参加をめぐって、大人の間で意見が対立。合唱の全国大会にも出場する学校だったそうで、学校側としてはなんとしても合唱を優先させたいため、ひとり、二人の子どもや保護者が困っていても、大きくは取り上げたくないという本音が透けて見えたという。結果的に、活動参加へ消極的な大人、そしてその子ども双方がいじめられることになり、転校を余儀なくされるということになった。

そのケースでの学校の言い分は「学校としては、合唱は課外活動なので責任を持てない」「むやみに声を上げると、合唱に励む子どもたちのモチベーションを下げるから我慢してほしい」というものだった。

こうしたトラブル事案があった場合、学校は「前例踏襲」「穏便に」というスタンスをとることが少なくない。また、前述の「先生によるいじめ」の項目でも見たとおり、現代の教員たちはとにかく多忙である。そんな中で「声の大きな保護者」への対処は負担が大きい。

いじめを行う「ボスママ」は、他の保護者に対しても声が大きいが、同様に学校に対しても声が大きい。こうしたボスママを敵に回してしまうと、学校としても、今後も多くの時間を割くことになることは想像に難くない。結果的に、比較的声の小さい「いじめ被害者」に我慢してもらう対応を選ぶということになりがちなのではないだろうか。

こうした構図は、「大人のいじめ」だけでなく、「子どものいじめ」でもよく見られる。いじめの被害者に、「君にも悪いところがあったんじゃないか？」という言葉をかけるのは、まさに、こうした事情から発せられる言葉なのだ。

うまく付き合えないと地獄　「ママ友」の世界

「ママ友は、うまく付き合えれば戦友のような存在になるが、うまく立ち回れなければ地獄になる」と語っていた、ある女性の言葉が印象深い。

女性の社会進出は進んだが、地域によっては、男性は仕事中心・女性は家庭中心というライフスタイルはまだまだ残っている。そのような地域では、人間関係も男性が仕事や趣味仲間と集まることが多いのに比べて、女性は近所付き合いや子どもが通う学校の保護者同士での付き合いを、濃密に行うことが多くなる。

子どもの体調や発育についての情報交換、保育園や学校選択についての情報交換、夫や姑についての愚痴など、同じ境遇だからこそ共有できる悩みがある。そうした悩みや情報交換を重ねていくうちに、「戦友」のような存在になるというのだ。

一方で、「学生時代、休憩時間に連れ立ってトイレに行きましたよね。そのノリで、大人になった今でも〝一緒〟でなければ気がすまないという人もいるんです……」と声を寄せてくれたのは林さん（40代女性・仮名）だ。

林さんには七人ほどからなるママ友仲間がいて、週に一、二度行なわれる食事会が楽しみな時間だった。そのママ友仲間の中にも、率先して会を開く中心的なママ・望月（仮名）がいた。望月は、とにかく「まわりが自分に合わせないと気がすまない人」だったという。

専業主婦の彼女は頻繁にお茶会を開くものの、林さんに外せない用事があり丁寧に断ると、「なぜ来られないのか」を執拗に問われた。そうしたことが二、三度重なるうちに、七人のママ友仲間の中で、自分だけが入っていないＬＩＮ

Eグループが作られるようになっていた。

それでも、その後も林さんは時々お茶会には呼ばれていた。以前の反省を生かし、なるべく参加するようには心がけていたものの、顔を出した際にはその場にいない人の悪口のオンパレード。お茶会の誘いに対して「付き合いが悪い」といった批判を繰り返す望月の様子に、林さんは「自分が参加していない時は、自分の悪口を言われているんだろうな」と感じたという。

他にも、LINEグループの中では、子どもたちの授業参観に際して、「みんな服装はどうする？」と確認のメッセージを送ってきたり、授業参観の前にどこかで落ち合って「一緒に行きましょう」ということを提案してくるという。

そんな望月について林さんは、

「とにかく、ひとりが嫌なようです。自分が誘ったお茶会が思い通りにならないことも嫌い。すべてが自分の思い通りにならないと気がすまないのです。中学や高校時代、女子生徒の中には昼食の時にも机を寄せ合って食べる子が多いですよね。トイレに行く時も一緒にいたり。その感覚のまま大人になったのではないでしょうか」

という。

中心にいなければ気がすまない望月は、一見すると大人しく服装もそんなに派手ではない。いわゆる〝森ガール〟という感じのファッションだという。

「ボスママ」というと、ついドラマなどに登場する強烈なファッションや、率先してPTAの役員などを行なっている姿を連想するが、実際のボスママは「一見すると目立たない」と林さんはいう。

ママ友の難しさについて声を寄せてくれた30代の山中さん(仮名)も、「ボスママと被害者、はじめはどちらがいじめられているのか分からなかった」という。

結果的に、ひどいいじめを行なっていたのはボスママだったのだが、彼女は普段から「いかに自分がひどいことをされたか」を力強く訴えるのだという。

その切実な訴えに、山中さんも「いじめ加害者」であるボスママの方が被害者なのかと信じてしまいそうになった。結局、他の女性からの情報や、ボスママの証言にたびたび矛盾が生じることから、真相が分かったようである。

こうした状況を指して山中さんは「ママ友の間のいじめは、情報戦」と表現していた。

職場、ご近所、ママ友、いずれの場合でもいじめの加害者には「いじめている」という自覚のない場合も少なくない。むしろ「自分こそが（迷惑をかけられた）被害者だ」と思っていることさえある。そうした思い込みが、自らが行う残酷で執拗な行為に対しての罪悪感を麻痺させているのかもしれない。

【いじめは誰もが知る大企業でも　～加藤さん（仮名）の場合～】

ここからは、大企業での「大人のいじめ」の事例を紹介する。

有名私立大学の理系学部を卒業した加藤さん（40代女性・仮名）は、2006年に一部上場企業の子会社に就職。当時、リーマン・ショック前で景気もよく、子どもたちへの科学教育などにも力を入れていた点に共感し、「ここなら、大学で学んだ知識を生かせるかもしれない」と期待を胸に働き始めた。

入社後は、博物館や図書館などとも連携したイベントを開くなど、持ち前の知識をいかんなく発揮し、順調に仕事をこなしていった。およそ500万円の年収は以前の非正規での事務と比べ安定していたし、職歴を重ねていけば年収1000万円も夢ではない状況だった。

加藤さんは、下部組織にもかかわらず手厚い待遇に「さすが大企業」と感じた。

風向きが変わったのは、彼女が入社して数年が経った時のこと。

親会社が「社会貢献」を掲げた巨大なプロジェクトを立ち上げたのだ。そして、その実務・運営が加藤さんの務める子会社に任されることとなった。役職やこれまでの業務経験から見て、そのプロジェクトを担当するのに加藤さんは適任で、加藤さんもぜひ自分が取り組みたいと張り切っていた。

ところが、これは親会社肝いりの「特別なプロジェクト」だった。加藤さんの上司は本社から出向の身で、このプロジェクトを自分の手柄にしたい。そこで、自分が扱いやすいかつての部下を本社から引っ張り、その人物にプロジェクトを任せようと考えていた。そうなると、加藤さんの存在は邪魔になる。上司自らが率先して加藤さんへの嫌がらせが始まった。

挨拶の無視、自分だけ飲み会に呼ばれない、ひとりだけお土産をもらえない、必要性がまったくない仕事や雑用を押しつけられるなど、本書でこれまで紹介してきたようないじめを、加藤さんはいくつも受けた。どんな小さな仕事も上司は粗《あら》を探すように念入りにチェックし、ミスを見つけては、「君は本当に仕事ができないね」と嫌みを言われた。

大企業ならではと言うべきか、本書でこれまで紹介した他のケースにはなかったのが、昇給させないというじめだ。

「景気が悪い」「業績が悪い」と世間が悩む中でも、本社からの出向組（ほとんどは50代の男性）の年収は1500万円以上。さらに、加藤さんはじめ部下の給料も出向組のさじ加減ひとつだった。一方で、子会社の中ではやりたい放題の彼らも、本社での出世競争に負けて、子会社にやってきたことは職場では暗黙の了解となっていた。

上司は派遣やパートなども巻き込みながら、正社員の加藤さんから仕事をとりあげ、若い派遣社員の男性に振り始めた。

加藤さんへのあてつけのように、上司は若い派遣社員の男性・原（30代・仮名）を褒め、彼の前で「加藤さんは本当に仕事ができない」と貶めた。しかし、原の仕事ぶりといえば、いいかげんでミスも多い。にもかかわらず、原は働き始めて数か月で正社員に採用され、その後数年も経たぬうちに、年収は１０００万円を超えた。

その一方で加藤さんは10年以上勤めているのに、年収５００万円からまったく昇給しなかった。

「小さなことかもしれないが……」と彼女が見せてくれたのが、会社から配られている組織図だ。そこには、出向組の二人を頂点として、各人員が並べられている。その図の中で、加藤さんの名前は一番下に書かれていた。

自分よりも職歴が短く職位も変わらないはずの元派遣社員の男性と比べても、加藤さんの名前はほんの少し下げて記されていた。これを加藤さんは、上司からの「おまえが一番下だ」という無言の嫌がらせだと感じた。

加藤さんは組織図を見ながら、「こういうところひとつとっても、まるで子どものような嫌がらせをしてくるんです」とつぶやき、ため息をついた。


いじめが始まってしばらくした頃、加藤さんは心身に不調を感じ、精神科病院を受診。「適応障害」の診断を受けた。

加藤さんが満足に働けない状況に対して、上司は「勤務態度が悪い」と評価を下し、またそれを理由に加藤さんが昇格試験を受けることを認めなかった。

耐えかねた加藤さんは、地域にある「ユニオン」に加入。ユニオンは所属する会社に労働組合がない人や、様々な事情から会社の労働組合に入れない人たちの労働相談を受ける組織だ。加藤さんが所属する企業グループの親会社にも労働組合はあったが、子会社の社員である加藤さんは組合員にはなれず、相談できなかった。

加藤さんの手元には、上司から他の部下に加藤さんに嫌がらせをするように指示したメールや、露骨な差がついた給与明細など、証拠がすべて残っていた。しかし、いじめ加害者の上司たちはユニオンを介した交渉の場でも、「加藤さんの勤務態度はひどいものであり、自分たちは正しいことをしている。現場を混乱させているのは加藤さんの方だ」と主張し続けた。

一向に改める様子のない会社側の対応を受けて、加藤さんはユニオンと相談し労働委員会に持ち込むことにした。

「労働委員会」は労働組合と企業の間に入り仲裁を行い「和解」をとりまとめたり、労働組合からの団体交渉の求めに不誠実な対応をした場合や、組合員であることを理由に不利益を被った場合などに、企業に対して改善の「命令」を出すことができる組織だ。

加藤さんの希望はあくまで「働き続けること」だった。働き自立することを目標として、勉強にも取り組み大学の理系の学部に進学してきた加藤さんにとって、仕事でキャリアを積み重ねていくことが、若い頃から思い描いていた「人生の形」だったからだ。

ところが、労働委員会に持ち込んだものの、結果は加藤さんの期待したものにはならなかった。様々な証拠から「嫌がらせ行為」は確認されたものの、「ユニオンに加入していることが不利益の原因だとはいえない」という判断で「却下」されてしまったのだ。

「嫌がらせ行為」が認められながらも「却下」されることには、釈然としないところもあるが、これは労働委員会が「労働組合の組合員であること」や「労働組合に加入したこと」などを理由に、不利益を被ったかどうかを裁定する組織であることを考慮すると仕方がないと加藤さんは言う。

ところが、である。労働委員会への持ち込みを検討し始めた頃から、加藤さんにとって予想外の苦難が訪れることになるのだった。

それは「味方」だと信じていたユニオンとのすれ違いである。

繰り返し伝えてきたとおり、加藤さんの希望は「働き続けること」だった。ところがユニオンは、労働委員会で「(企業への)命令」を取れず、いわば「負けた」ものについては、金銭による和解を選んだ方がよいということを加藤さんに勧め始めたのだ。それは加藤さんの意に沿うものではなく、納得して受け入れられるものではなかった。


働き続けたい加藤さんと、「金銭による和解」を勧めるユニオン。その議論は2年近くも平行線の状態が続いた。その中で加藤さんに投げかけられた言葉は、加藤さんにとって悲痛なものだった。

「いくらもらえれば、加藤さんは辞めるのか?」

「むこうの会社は悪いですが、加藤さんにも悪いところがある」

こうした言葉の端々に、加藤さんはユニオンもまた、加藤さんよりも、ユニオンの都合を優先させていると感じ、労働者を守るはずのユニオンさえも、「働き続けたい」という自分の思いをくんでくれないことに落胆した。

　この時の心情について、加藤さんは、

「味方だと思っていた人たちさえも、味方にはなってくれなかった時のショックは大きかった」と言う。

　長く膠着状態が続いたが、加藤さんの考え方が少しずつ変わるきっかけとなったのが家族との話し合いだった。

　夫・武さん（仮名）は、妻である加藤さんの悩みをどんな時も根気強く聞いてくれた。時には、朝方近くまで何時間も話しこんだこともあった。

　加藤さんの姿を見てきた夫からの、

「会社からここまでのことをされて、定年まで本当に働けるだろうか。いつか身体や心が壊れてしまうのではないだろうか」

と案ずる言葉や、

「働いているつもりが、会社やユニオンと闘っているだけではないか。

闘うためだけに人生を使ってしまうのではないか」という言葉は、改めて自分のこれからの人生を考えるきっかけとなったという。そして、加藤さんは逡巡の末に「退職和解」を選ぶことを決断した。

和解に際しては、「自分が本当に納得する金額」を会社側に提示。一切譲歩するつもりはないことを伝えた。それは「もし定年近くまで働けたとしたらもらえる給与」であり、加藤さんにとっては「自分の尊厳を守るための最後の砦」という金額だった。

ユニオンからは「そんな金額は前例がない。出すはずがない」と冷ややかに対応されながらも、最終的には会社側が要求をのむ形で、加藤さんの提示した金額で和解が結ばれたのだった。

本書でこれまで見てきた職場での事例は、経営状態や人手不足などで余裕のない職場が多かった。そして、その余裕のなさが、「いじめ」を助長しているところがあった。

ところが、加藤さんが勤めていたのは誰もが知る大企業のグループだ。部署も仕事に忙殺されるという環境ではなかったし、給与も安定していた。職場には「余裕」があったはずなのに、なぜ、いじめが起きたのだろうか。

その理由を、加藤さんはこう振り返る。

本社から出向してきた人たちは、もともとは高学歴で有名大企業一筋で働いてきた人たち。とてもプライドが高く、「自分たちは優秀だ」と信じていることが言葉の端々から感じ取れた。

しかし、50代を過ぎ、定年も見えてきた中で、同期の中には本社の部長や、その先の役員などのポジションを見据えている人もいる。本社での出世競争に負けてエリートコースを外れ、自分の理想と、自分が会社の中で置かれている状況とのギャップが許せず、その憂さ晴らしとして、加藤さんをいじめていたのではないか、と感じた。

最初の取材から2年後。和解を結び、退職を決めたあとに、改めて加藤さんから話を伺った。

　今の気持ちについて、加藤さんは、

「すがすがしいかと言われれば、すがすがしいわけではないし、若い頃から仕事に全力を投じる人生をイメージしてきたので、『仕事ではうまくいかなかった人生』という気持ちが残っている」

　そして最後に、

「少し前に、学生時代までやっていた楽器を再開したんです」

と切り出した。

　長いブランクがあり、どこまで上達するかはわからないという。しかし最近では、学生時代に挑戦していた曲よりも難しい曲を演奏できるようにまでなったそうだ。

「少しずつ上達していくことは、新たな自信につながり、学生時代よりも練習が楽しいのです。今や、音楽は私の生きがいです。この先、音楽を通してどんな世界を見ることができるのか、楽しみです」

と明るい表情で語ってくれた。

【余裕のない社会、余裕のない職場で生まれるいじめ　～山下さん（仮名）の場合～】

加藤さん同様に、大手企業におけるいじめの被害を訴える人をもうひとり紹介してみたい。全国に展開する大手の銀行、いわゆるメガバンクの窓口に勤務している山下さん（40代女性・仮名）だ。

加藤さんの職場は、厳格なノルマなどもなく、比較的余裕のある職場だった。しかし、山下さんの話を聞くと、大企業であっても金融業界をとりまく状況は非常に厳しい。その中で従業員に課されるノルマが、いじめの原因になっているという。

また、窓口に立つ山下さんの実感として、お客さんの方にも時間的な余裕のない人が多く、中には、いわゆる「モンスター・カスタマー」「カスハラ」などと呼ばれるような人の対応をすることも少なくなかった。

彼女と初めて会ったのは、ある病院の診察室であった。本書で紹介してきた被害者の多くが、適応障害やパニック障害、うつなどを患い、精神科への通院を余儀なくされていることは繰り返し紹介してきたが、山下さんも同様だった。清潔感のあるパステルカラーの服に身を包んだ山下さんは、私服であっても丁寧さが滲《にじ》み出る出で立ちで、銀行員ということも納得できた。挨拶も丁寧で、ゆっくりと穏やかに話をされる方という印象を受けた。

ところが、精神科の医師を前にすると、最近、あったことを一気に話し始めた。ふだん相談相手がいない中で、悩みやストレスが溜まっていることがうかがえた。

山下さんは自分でも認めていたが「ミスは多い方」だという。そして、「銀行は村社会であり、連帯責任の職場」なので、小さなミスでもいじめのきっかけになってしまうという。

銀行では、15時に窓口を閉めたあとに、伝票と照合しながら、出金と入金に間違いがないかなどの確認業務を行う。ここで、金額に1円でも食い違いがある場合、その原因が明らかになるまで終わることのないチェック作業が続く。この他にも、ひとりのミスが全体の業務に支障をきたすことがあるそうだ。

確認作業中に伝票が見当たらない時や数字が合わない時、山下さんは「血の気が引き、冷や汗が出てくる」と言う。「失敗してはいけない」と思うほど焦り、逆に失敗してしまうのだ。

こうしたミスが重なったあとなどは、昼休みにみんなで食事をする中で、山下さんだけ声をかけられないといったことがよくあった。

また、支店が定めた月間目標をひとりだけ共有してもらえないこともあった。ある日、壁にメンバー全員の名前と数字が書かれている紙が貼られているのに、山下さんは気付いた。

「この紙は一体何ですか？」と彼女が尋ねると、「そんなことも知らないの？」と貶《けな》すように言われたあと、今月の「月間目標」だと知らされた。

目標が定められていることを知らなかった山下さんは、当然、成績も振るわない。結果的に、周囲からは「山下さんは努力しない」「山下さんは仕事ができない」といった目を向けられ、さらに立場は悪くなった。

金融業界で長く勤めている山下さんだが、近年、職場でのいじめがひどくなっていると感じるそうだ。

ＡＩ（人工知能）などが話題になる中、銀行にも急速な自動化と人員削減の流れが来ている。一方で、国際情勢が緊迫化し、経済制裁の対象となる国への送金のチェックが厳しくなったり、犯罪組織によるマネーロンダリング（資金洗浄）対策のための預金口座の確認手続きの強化がなされている。

また、「オレオレ詐欺」などの特殊詐欺が近年増えていることなどを受けて、窓口で大金を下ろす際などの本人確認なども強化している。人員は減らされる一方で窓口業務は複雑になり、繁忙感は高まっているという。

こうした複雑かつ慎重な確認作業がミスを誘発すると同時に、手続きが長くなりイライラする客も増えている。しびれを切らした客が、店内で怒鳴り始める現場も、山下さんは幾度となく目撃してきた。

一見、大人しい雰囲気の山下さんだが、過去のいじめについて語り始めると、とめどなく言葉が出てくる。これまで溜めていたものを一気に吐き出すような印象だった。

ひとしきり話し終えた山下さんは、

「銀行はきれいな職場で、みんなきれいな服を着て働いているが、文化としては村社会。連帯責任を負わせることで、お互いを監視するような空気だった」

とつぶやいた。

今は撤廃されたというが、かつてはミスを逐一記録し累積していく制度もあった。そのミスの中には、通帳を落として汚してしまったといった軽微なものもあり、その都度、「マイナス1点」などと言われ、記録をつけられた。

大人のいじめの背景には、「効率」重視の社会

「大人のいじめ」が目立つようになってきた背景には、「職場の効率」や「個人の成果」を重視するあまりに、社会全体に余裕がなくなっていることがあるのではないか。このように指摘するのは、NPO法人「POSSE（ポッセ）」の代表・今野晴貴《こんのはるき》さんだ。

POSSEは、2006年より労働現場における様々なトラブルの仲裁に入り、これまでに1万件を超える相談の解決支援などを行なってきた。

今野さんは近年、労働の現場に「仕事ができなければ、いじめてもよい」という空気が蔓延しているのを感じるという。ひどい場合には、「いじめ」が人員管理の手法になっているケースさえあるという。

日本では、労働基準法および労働契約法などを背景に、合理的な理由がない場合の解雇はできない。しかし実際には、前述の、大手企業で働いていた加藤さんのように、上司が「辞めさせたい」と思っているケースもある。

社員の人数が少なく人手が不足している中小企業では、違法な長時間労働を

強いることで多くの仕事量をこなしたり、無理やり納期に間に合わせようとする会社もある。そうした職場環境では、仕事ができない人や、ブラックな労働環境に不満を唱える人は、はっきり言って「やっかいな存在」でしかないのだ。ところが、日本の法律ではなかなか彼らをクビにすることもできない。そこで使われるのが、人員管理の手法としての「いじめ」というわけだ。

上司や会社の意向を〝忖度《そんたく》〟したベテラン社員が率先していじめを行うケースもあれば、〝ストレス発散〟としていじめを行なっていた社員を、会社側が見て見ぬ振りをするケースも散見される。

また、いじめの中心的加害者である「ボス」は経験年数が長く、小さな会社にとっては戦力として欠かせないことが多い。いじめの加害者と被害者を天秤にかけた時に、会社としては加害者の方が必要というケースもあるだろう。誰かをいじめて「スケープゴート」にすることで、労働環境への不満を解消させたり、職場内を団結させたりする効果もあるという。

今野さんは、職場内での「大人のいじめ」について、人権問題であると同時に「労働問題」だと指摘する。

本来ならば是正されるべき違法労働が見過ごされていたり、解雇や昇進の基準が曖昧であったり、地域内での転職が難しかったり、あるいは、賃金が上げられないことから求人を出しても人が集まらず、結果として公然と「いじめ」が行われていても、見過ごされることが常習化するのだ。

加害者はどう感じているか

一方で、いじめにより辞めさせたりしてしまうと、さらに人手不足が進むなど、現場の労働者も大変なのではないだろうか、という疑問が湧く。それでもなぜ、いじめ加害者はいじめをやめないのだろうか。

こうした疑問を、いじめ加害者にぶつけてみることにした。

【いじめは必要悪　～榊原さん（仮名）の場合～】

榊原さん（30代女性・仮名）は、東日本にある村の特別養護老人ホームで介護福祉士として働いている。

榊原さんはこれまで、介護職以外にも、エステティシャン、工場など20以上の職場で働いてきた。ほっそりとした小柄な体形で、化粧は薄め。喋り方はゆっくりとしていて、女優の壇蜜さんを思い起こさせるような雰囲気があった。

「いじめは必要悪」と語る榊原さん、いったいどういうことなのか話を聞いた。

榊原さんの職場でいじめのターゲットとなっているのが、40代の男性・山田（仮名）。

山田はこの施設の正社員で、その立場を利用し傲慢なふるまいが目につく人物だった。榊原さんが入社して早々に馴れ馴れしく愛称で呼びかけてきたり、「セクハラ癖がある」という噂も耳にしていたので、距離を置いていた。山田は業務に関係のないＬＩＮＥグループを作り、榊原さんに入るように強要してきたが、彼女はこれを拒否した。

仕事に必要な最低限の連絡だけをとるように心がけてきたが、ある時、同僚から、

「山田がＬＩＮＥグループの中で、榊原さんのことを中傷しているよ」

と教えてくれた。

その中傷の内容を具体的に聞いてみると、「派遣のくせに生意気だ」というものから、「新人をいじめている」など、身に覚えのないものまであった。


榊原さんは派遣社員、山田は正社員と立場は違ったが、仕事内容は重なる部分があった。女性が多い職場で、正社員という立場をいいことに、山田は威張り、気に入らない人を中傷してきたようだった。被害者の多くは泣き寝入りしてきた。

しかし、榊原さんは泣き寝入りしなかった。これまで20以上の職場を渡り歩く中で学んだのが、「やられた時にひるんだら、いじめられ続ける」というこ

とだったという。

榊原さんによると、山田は威張りはするが、決して仕事ができる方ではなかった。糖尿病を抱える利用者に対して規定以上の砂糖を入れたココアを渡してしまったり、使用済みのおむつを未使用の清潔なおむつの上に重ねるなど、杜撰《ずさん》な仕事ぶりが目立った。

榊原さんは、こうした仕事の失敗を見つけては、わざと同僚たちの前で厳しく非難した。また、榊原さんが現場の仕切りを担当した日には、山田の仕事が遅いのを分かっていて、高い処理能力が必要な仕事や同時並行で進めなければならない業務を任せた。

案の定、山田はそれらの仕事をこなせず、仕事が滞った。そこですかさず、榊原さんは失敗や遅れを取り上げては非難した。

正社員であることを笠にきた山田の横柄な態度に、不満を抱いていた従業員は少なくなかった。榊原さんと山田の間で言い合いが始まると、全員が榊原さんに加勢し一緒になって山田を非難したり、榊原さんにやりこめられている山田を見ながらくすくす笑い、「そんなにきつく言うと、この人また泣いちゃうよ〜」と茶化すのが日常化していった。

最初のうちは山田も「仕事の振り方に無理がある!」「お前だってできないだろ!」と言い返していた。しかし、山田に任せた業務量がそれほど無理のないものであったため、言い合いになった場合でも榊原さんの主張に分のあることの方が多かった。やがて、榊原さんに何か言われそうになると逃げ出すようになった。

その後、山田側より管理職へ榊原さんに対する不満が伝えられたようだったが、もともとの「LINEでの誹謗中傷」や、山田の仕事ぶりに問題があったことは事実だったので、山田の立場は一層悪くなるばかりであった。

榊原さんは、さらに追い打ちをかけるように上司に対して、「山田さんの振る舞いを放置するなら、派遣会社を通じて抗議し、最悪の場合は、ここでの派遣業務を打ち切らせてもらいます」と訴えた。

人手不足に悩んでいる施設は、仕事ができる榊原さんを失うことを恐れ、上司を通じて山田を厳しく叱責。職場内での山田の立場は一層悪いものになっている。

いじめは「承認行為」

当初、榊原さんは番組に対して「いじめの被害者」として声を寄せてくれた。たしかに、当初、山田からされたことなどは「いじめを受けた」と受けて止めても間違いないだろう。

一方で、山田とのやりとりについて詳しく話を聞いてみると、「榊原さんはいじめの加害者でもあるのではないか？」という疑問が湧いてきた。そのことを率直にぶつけてみると、

「たしかに、いつの間にか加害者になっていたかもしれない」

と語った。

心のどこかでは、自分がやっていることが「いじめ」であると自覚していたという榊原さん。なぜ、いじめを行うのか、その心理について聞いてみた。榊原さんにとって、いじめは周囲に認められ「承認」をもたらす行為だという。自分が山田を叱ったり非難したりしても、周囲が賛同し加勢してくれるたびに、「自分は悪くないんだ」という安堵感が得られるというのだ。

そうした承認が必要な理由を、榊原さんは「労働環境にも原因があるかもしれない」と語る。榊原さんは、これまで複数の介護現場を渡り歩いてきたが、どの施設でも例外なく大なり小なりのいじめが行われていたのを見てきたという。

介護現場が人手不足なのは周知の通りで、1日に何十回も利用者をベッドから車椅子などに移乗させたり、入浴させたりと、肉体的にもハードである。肉体的なハードさに加え精神的な負担も多いという。

利用者のわがままに振り回されることもあるが、それでも「いい人を演じ、にこにこと接する必要がある」という。自分の感情を抑えることで賃金を得る、いわゆる「感情労働」の側面が大きいのだ。

榊原さんの職場でも「いい人」を演じることに疲れたスタッフたちがバックオフィスでは、「あのじじいムカつく！　早く死ねばいいのに」と暴言を吐くことも日常茶飯事だったという。

こうした鬱屈とした不満が溜まり、自分の中で抱えきれなくなった時に、同僚へのいじめとして発散されると榊原さんは振り返っていた。


榊原さんに、「いじめは必要だと思うか？」と問うと、「そう思う」という答えが返ってきた。

「誰かがいじめられれば、その存在が他の人たちの負の感情の避雷針となる。そして、集団がうまくまわっていく。どの職場でもそうだった。人間はいじめを必要としているような気がする」

と榊原さんは淡々と語った。

彼女が自らの「いじめ」を正当化する背景には、彼女自身の経験があった。榊原さんが働き始めた頃、若く技術的にも未熟だった榊原さんはいじめられていたという。しかし、技術を習得し、いじめてくる相手にも強く言い返す言葉を得るうちに、次第にいじめられることがなくなった。

こうした経験を経て、「努力すれば、いじめから抜けられる」「時には、いじめがバネにもなる」と、榊原さんは考えるようになったというのだ。逆に、山田のように、それなりの年齢になっていじめられるのは、「結局、努力が足りないのではないか」と彼女は言う。

最後に、いじめの状況を映像的に伝えたいと考えた私たちは、「いじめの物的証拠はないか？」と榊原さんに尋ねてみた。すると、榊原さんから返ってきたのは、

「心のどこかにいじめている自覚があるからこそ、物的証拠は残さないようにしている。自分は言葉で相手を追い詰める」

という答えだった。

かつて被害者だったが、その後いつしか加害者となった榊原さん。彼女の話を聞くうちに私は、ＮＰＯ法人「ＰＯＳＳＥ」の今野さんの言葉を思い出していた。

「いじめの加害者たちは、おそらく、自分がいじめていると思っていないのではないだろうか。ひょっとすると、自分たちのことを被害者と思っている人も少なくないだろう」

いじめの被害者と加害者は、必ずしも完全に隔てられた存在ではないのかもしれない。その境界は実は曖昧で、閉鎖的な空間や鬱屈とした思いが蓄積し、発散できないような環境では、大人であっても、「いじめ」が起きる。

それは、学校現場や労働環境など、それぞれの職場や地域コミュニティの中での「歪み」が、立場の弱い人たちへと集まり顕在化した、いわば「社会を映す鏡」のようなものなのかもしれない。

第2章　なぜ「大人のいじめ」は裁けないのか？

番組で「いじめ」をテーマに取り上げると、インターネットなどで決まって「いじめという曖昧な言葉は使わずに犯罪というべきだ」という声が上がる。

たしかに「いじめ」として報道される中には、相当に悪質なもの、陰湿なもの、被害者が大きく傷つき、時には精神を病んでしまうようなケースも少なくない。

では、これらのケースは法によって、正しく裁かれているのだろうか。

「いじめ」は犯罪行為にならないのか。ならないとすればそれはなぜなのか。あるいは、職場での「いじめ」と「パワハラ」は異なるものなのだろうか。

この章では、「大人のいじめ」を解決するための、法律における考え方などについて見ていきたい。

いじめは犯罪にならないのか？

「パワハラ」に関する問題を数多く手掛けてきた、笹山尚人弁護士にお話を伺った。まずは、笹山さんに率直に「いじめは犯罪にはならないのですか？」と問うてみたところ、返ってきたのはこんな答えだった。

「残念ながら、いじめそれ自体を違法とする法律はない」

もちろん、いじめの過程や結果として、暴力を振るい怪我をさせた場合は傷害罪にあたるし、物を盗んだりすればそれは窃盗罪にあたる。他にも、根も葉もない噂を流したり、ネットに書き込みをして名誉を傷つけた場合は、名誉毀損罪が成立する可能性はある。しかし、本書で見てきたような陰口や無視、間接的な威圧などといった「いじめ」を罪に問うことは、これまでは難しかったという。

こうした状況の中で、先鞭をつけるように議論が進んできたのが職場における「パワハラ」についての法律だ。2019年に参議院本会議で可決された「改正労働施策総合推進法」（以下、「パワハラ防止法」）がそれにあたる。この法律により、2020年の6月より、大企業は職場内でのパワハラの相談窓口を設置するなどの義務が課せられることとなった。

しかし、この法律ができたことは前進ではあるものの、課題も多いと笹山弁護士は指摘する。まずは、あらたにできた「パワハラ防止法」について、どのような法律なのかを簡単に説明しておきたい。

「パワハラ防止法」について

まず、この法律はパワハラ行為や加害者自身を処罰する法律ではない。職場内でのパワハラなどについて、その対策を企業に義務づける法律なのだ。これまでに、「パワハラ」と「いきすぎた指導」との境目が曖昧で線引きが難しいという企業からの意見もあり、どのような対策をとるべきかについて、その判断は企業に委ねられてきた。

しかし、労働局などに報告される民事上の個別の労働紛争の相談は毎年増え続けており、２０１８年度には８万件以上にもなった。また、過労死事件や、議員が秘書を罵倒する音声が流出し問題になるなど、パワハラに向けられる社会の目が年々厳しくなっていることが、法律制定の背景にはある。

この法律での「パワハラ」の定義について、基本的には次の３つの条件を満たすものがパワハラにあたるとされている。

・優越的な関係を背景とした言動
・業務上必要かつ相当な範囲を超えたもの
・労働者の就業環境が害されるもの

この「優越的な関係」には、必ずしも上司と部下といった関係だけではなく、立場が近い同僚間で、一方が特定の専門知識や経験を有している場合なども含まれている。

こうした3つの条件を満たした上で、どのような行為がパワハラにあたるかも、具体的に6つのケースで書かれている。

①身体的な攻撃
②精神的な攻撃
③人間関係からの切り離し
④個の侵害

⑤過小な要求
⑥過大な要求

「①身体的な攻撃」とは、殴る・叩くなど物理的に攻撃を行うこと。

「②精神的な攻撃」とは、直接的には手を下さず、大声で怒鳴るなど威圧的な行為をしたり、「お前なんかいなくてもいい」などの暴言を吐くことで精神的に追い詰めるような行為のことを指す。職場での意図的な無視も、精神的な攻撃にあたる。

「③人間関係からの切り離し」とは、ひとりだけ座席を隔離したり、別室で仕事を行わせるなど、その他のメンバーから切り離し孤立させた状態にすること。

「④個の侵害」とは、本人のプライバシーに関わること、たとえば病歴や出自、家族の状況や性的指向・性自認などについて、本人の了解なしに第三者に伝えたりする行為のこと。

「⑤⑥過小・過大な要求」というのは、本人の能力・経験や立場には不相応な量の仕事を強制するような場合にあたる。

こうした具体的なパワハラの事例を６つに分けた上で、それが実際にパワハラにあたるかどうかについては個々のケースで検討が必要である。

たとえば、他の従業員の前で日常的に怒鳴るように叱責され続けることは「精神的な攻撃」のパワハラに該当する。一方で、遅刻や顧客の個人情報に関わる重要な書類を紛失するなど、社会的なルールを欠いた言動や重大な問題行動について一定程度厳しく注意する場合には、パワハラにあたらないとされている。

「パワハラ防止法」の課題

これまでは曖昧だった「パワハラ」が、６つのケースで具体的に例示され、法律の枠組みの中で定められたことには一定の意味がある。しかし、この法律にはまだまだ課題があると、笹山弁護士は指摘する。

一般的な感覚からは「いじめ」にあたるとしても、新しくできた「パワハラ防止法」の観点から見ると該当しないケースも少なくないというのだ。たとえば、本書でも紹介した坂本さん（仮名）が受けたような「物に当たる」ような行為である。

坂本さんの上司・石神は、直接的に彼女に暴力を振るったわけでも罵倒したわけでもなかった。ただ、彼女がミーティングでの報告を終えるや、本人にも聞こえるような大きなため息をついたり、露骨に不機嫌さを漂わせながら激しく机の引き出しを開け閉めしたり、書類を机にたたきつけたりした。

こうした行為は先に挙げたパワハラの6つのケースの中のどれかにあたるだろうか。

坂本さんに対して直接的に暴力を振るったわけではないので、「①身体的な攻撃」には当たらない。一方で、「②精神的な攻撃」にはあたりそうだが、笹山弁護士によると、この一連の行為が「攻撃」にあたるかは微妙なところだという。上司・石神の行為が「坂本さんを攻撃」する意図があったことを、被害者側が立証しなければならないというのだ。

たとえば、石神に「プライベートのことでムシャクシャしていて、ついモノに当たってしまった」と言われてしまえば、攻撃の意図がなかったと判断される可能性があるというわけだ。

また、今回定められた法律を「パワハラ防止法」と呼んできたが、厳密に言えば、この法律はパワハラそのものを防ぐこと・なくすことを義務づけているわけではない。

今回の法律で定められているのは、「相談窓口を設ける」などの「対策」を講じる義務だけである。逆に言えば、どれだけ社内でパワハラが蔓延していようとも、相談窓口さえ作れば、実際にいじめが改善されていなくても、企業名を公表されるというペナルティを逃れることができる。

大事なのは、一にも二にも証拠

いじめをパワハラとして法的に争う場合、何よりも大事なものが「証拠」だ。

裁判で「被害を受けた」と主張する場合、原告側がその被害が実際にあったことを立証することが大原則だ。そのために必要不可欠なのが証拠である。

証拠というと重々しく固い言葉だが、笹山弁護士によると、それは自身の手による簡単なメモなどでもよいという。「今日は飲み会に自分だけ呼ばれなかった」「無視された」などを自らの手帳などに記録しておくだけでも証拠になるというのだ。

こうしたメモを残しておく際に大事なのは、いつから・どれくらいの期間・どれくらいの頻度で、どのような嫌がらせが続いたか。それによって、自分がどれくらいの被害を被ったのかが分かるように書くこと。もし、直接的な攻撃を受けたのであれば、その痣《あざ》などの写真も証拠になる。

また近年有効なのが、スマートフォンによる録音や録画だ。

2019年に報道された神戸市の小学校であった教諭間のいじめや、2017年に問題になった、ある国会議員の秘書への暴言も、映像や音声が残っていたことが、言い逃れできない証拠となり、いずれも謝罪せざるえない状況に追い込まれた。

では、「無視」などの場合はどのように記録に残せばいいのだろうか。

その方法のひとつとして、笹山弁護士が提案してくれたのは、毎朝、「おはよう」と声をかけ、それにもかかわらず「返答がない」という状況を録音しておくこと。こうした音声も、証拠として有効であるという。

「パワハラ防止法」は、いじめ対策の最初の一歩にすぎない

本書でも見てきたように、「いじめ」といっても必ずしも会社の中だけで起こるわけではない。子どもを介したママ友の間で起こることもあれば、近所付き合いやマンションの近隣住民の間で起こることもある。

笹山弁護士に、本書の中で見てきた様々な「いじめ事案」について意見を伺ったところ、ママ友関連の事案は特に難しいという。

法廷で争われた件数自体も少なく、判例も乏しい。また、今回成立した「パワハラ防止法」のような法律は、ママ友同士の関係においてはない。ママ友間

での嫌がらせに対して法的に対応しようとすると、行為そのものの「違法性」を問うことになる。つまり、暴行や窃盗、名誉毀損といった罪に該当するのかどうか、それを立証する必要が出てくるのだ。

たとえば、本書でも紹介したママ友間のいじめでしばしば見られた「ＬＩＮＥはずし」。ＬＩＮＥグループからひとりだけ除外し仲間外れにするといったことは、その行為自体が違法だとは言えないと笹山弁護士は言う。

裁判に勝つよりも大事なこと

実際に、本書で見てきたようないじめの事案が、笹山弁護士のもとに持ち込まれた場合にどうするか尋ねてみた。すると、こうしたケースのおよそ8割は、裁判ではなく和解を目指すという。

そこには、裁判に勝てるかどうかという視点に加えて、紛争が終わったあと、いじめ被害者自身がどのような生活を望むかという点についても考慮することが重要だという。

たとえば相手が会社の場合、裁判に勝ったとしても、すべてが解決し元通りの職場環境になるとは限らない。中には、裁判では勝ったものの、その後、周囲の人から腫れ物に触るように距離を置かれ、かえって働きづらい状況になってしまうこともある。

あるいは、裁判所で認定された「嫌がらせ行為」よりも、さらに陰湿で証拠も残らないような行為へとエスカレートするようなケースもあるというのだ。

裁判を行なった被害者のその後がどうなるか、その運命を握っているのが会社の経営層の考え方だ。職場内でのいじめについて、被害者が声を上げるまで経営層がまったく知らず、いじめ事案が顕在化したことで「これは問題だ」と受け止め、改善に乗り出してくれるというケースもある。

しかし、そうなるのは幸運なケースで、いじめがあったことを知りながらも見て見ぬふりを続けるケースも少なくない。こうした場合には、仮に裁判で被害者側の訴えが認められたとしても、会社側が「面倒くさい社員だ」「余計なことをして」と考え、その後、様々な圧力をかけられる場合もある。

実際に裁判が始まると、会社側が原告(いじめの被害者)について、「いかに職務態度に問題があったか」「ミスも多く、能力的にも問題があり、厳しい指導が必要だった」というような主張を行なってくることも少なくない。

そうしたやりとりは、原告にとっても大きな精神的負担となる。膨大な時間をかけ、多額の費用をかけ、その結果、裁判には勝ったが仕事を失う。理不尽だが、そういうこともなくはないのだ。


改めて、笹山弁護士に自身が考える「いじめ」とは何かを問うた。

すると、
・人格を傷つける行為があった(被害者側の主観で、傷ついたと感じた)
・ある程度の力関係を背景に行なわれた
ことを前提とする、「違法行為の枠の中には入りきらない加害行為」、「違法行為の周辺にグレーゾーンのように広がる人権侵害のこと」だという。

残念ながらこうした行為に該当するものすべてが「違法」になるわけではない。その理由については、法の理念が「ある程度の社会的摩擦はある」ことを前提にしているからであるという。

たとえば、「個人のプライバシーなどの権利」と「表現の自由」がしばしば衝突するように、法律によって保障されるべきすべての権利が矛盾なく保障されることは不可能であり、そうした衝突が起きることを前提として、法は運営されているというのだ。

その上で、笹山弁護士は、相談にきた依頼人に対して「裁判に勝てるかどうか」ということの見立てと併せて確認することがあるそうだ。

ひとつは、「裁判をしてでも、この職場に居続けたいのか」ということ。もうひとつは、「この問題に決着をつけることが、人生にとってどれほど大事なことか」ということだ。私はこの二つの問いかけを、とても重要な視点だと感じた。

「裁判をしてでも、この職場に居続けたいのか」という問いかけは、いじめに耐え続ける必要はない、無理して仕事を続ける必要はない、逃げてもいいのだということ。いじめ被害の渦中にいると、つい、このことに目が向かない場合がある。「子どものいじめ」が転校や卒業、クラス替えなどをきっかけに終わるのと比べると、「大人のいじめ」が長期化する背景には、自分の被害に向き合えないという場合も少なくない。

今回、取材をしたいじめの被害者の中でも、特に男性には、「自分がいじめられている」という事実をなかなか受け入れられない人が多いと感じることがあった。

教師だった山下さん（40代男性・仮名）も、1年にわたるいじめの被害に遭い、メンタルの不調から通院が欠かせないような状況になってしまった。それでも、未だにいじめられていた事実を同居している父親に言えないという。その理由について山下さんは、「男なんだから、弱音を吐くな」「情けない、お前にも悪いところがあった」と責められるに違いないと思ったからだという。

我慢強いことを美徳とすることや、弱音を吐かないことが「男らしい」と受け止められること。こうした風潮に対して近年は、少しずつ疑問が投げかけられるようになってはきたが、まだまだ私たちの基本的な価値観の中に根付いている。

こうした価値観と、私たちの社会でいじめが見えづらく長期化することは無縁ではないのかもしれない。

また、「この問題に決着をつけることが、人生にとってどれほど大事なことか」と自分に問うことも、とても重要だ。

生活のためには仕事を続けなければならない。今よりも条件のよい職場は近所にはない。そうした事情もたしかにある。

しかし、人生を構成するものは、お金だけではない。時間や心身の健康もまた、私たちの人生の貴重な財産だ。

辛い時ほど、目下の悩みや苦痛に目がいきがちだが、ふっと自らを客観視し、人生の幸せについて、トータルで考えることの大切さを考えるきっかけをくれる問いかけだと感じた。

第3章

世界でも広がる「大人のいじめ」

これまで日本の事例を見てきたが、実は〝大人のいじめ〟は世界にもある。たとえば、カナダではフランス語で「L'intimidation chez les adultes（ランティミダシヨン・シェ・レザデュルト）」、韓国では「갑질（カプチル）」、イギリスでは英語で「Adult bullying（アダルト・ブリング）」と呼ばれる。

いずれも、それぞれの言語で「大人のいじめ」を意味する。こうした世界の流れを受けて、２０１９年、職場でのハラスメント行為を禁止する初めての国際条約が採択された。

この章では、世界ではどのような「大人のいじめ」が起きているのか、また、その背景には何があるのかを通して、私たちが大人になってもいじめをやめられない理由について考える。

イギリスのケース

厚生労働省所管の独立行政法人、労働政策研究・研修機構（以下、ＪＩＬＰＴ）の研究員・滝原啓充《たきはらひろみつ》さんにもお話を伺った。

滝原さんは、イギリスの「職場いじめ」を中心に、欧州の動向を研究してきた。

イギリスでは、ジャーナリスト兼アナウンサーのアンドレア・アダムス氏が１９９０年代にこの問題を指摘すると、ＢＢＣでも特集が組まれるなど社会問題化した。

その後、フランス・ドイツなどでも、この20年あまりで問題が大きくクローズアップされるようになってきた。

イギリス国内の労働組合からなる労働組合会議（TUC：Trades Union Congress）によると、およそ3分の1の大人が職場などでいじめを受けているという調査もある。

滝原さんによれば、こうした問題が近年増えたというよりも、労働組合が声を上げたり、訴訟に発展したケースの判例が蓄積されたことで、問題が見える化されるようになったのではないかという。

韓国のケース

韓国でも近年、社会的な問題として受け止められてきた大人のいじめに関する法律が、2019年に作られた。この件を報じたBBCのニュースによると、職場でのいじめへの対応が不十分な雇用主に対しては、最長で3年の禁錮《きんこけい》刑や最大3000万ウォン（約275万円）の罰金などが科せられる可能性があるという。

韓国では、統計データを見る限りでは、他国と比較しても、多くの職場でのいじめ被害が報告されている。韓国の国家人権委員会によると、約7割の労働者が職場内でいじめを受けたことがあると報告している。一方で、被害者の約6割は、被害を訴えるなどの行動を起こせずにいるという。

そうしたことの背景については、韓国ではとりわけ権力者に対してものを言えない、独特な空気があるという指摘もある。そもそも、韓国語での「大人のいじめ」を意味する「カプチル」には、「権力者による嫌がらせ行為」というニュアンスが含まれている。韓国においては、権力者に対する鬱屈とした感情について、社会的な背景がある。

「カプチル」の象徴的な事件として挙げられるのが、２０１４年に日本でも大きなニュースになり、連日報じられた「ナッツ・リターン」事件である。アメリカのジョン・F・ケネディ国際空港で離陸のために滑走路に向かい始めた大韓航空86便で、ファーストクラスの乗客として乗っていた大韓航空副社長（当時）・趙顕娥《チョヒョナ》が、機内提供のマカデミアナッツが、皿ではなく袋に入れたまま提供されたことについて、「機内サービスがなっていない」と客室乗務員に激怒。「今すぐ飛行機から降りろ」と怒鳴りつけた。

客室乗務員は、「ナッツアレルギー乗客への対応マニュアルに従った行動だった」と説明したが、趙は納得せず、挙げ句、旅客機を搭乗ゲートに引き返させ運航を遅延させた。その際の趙の怒鳴り声は、ファーストクラスの後ろ側に位置するエコノミークラスにまで聞こえるほどだったという。

韓国では、これ以前にも10大財閥企業の二世、三世による不祥事や彼らに対する批判はあったが、この事件は、大企業による理不尽な横暴さや、韓国の大人のいじめ「カプチル」に対する問題意識を一層刺激したと言えるだろう。

アメリカで行われている「職場のいじめ」に関する大規模調査

アメリカでも職場での人間関係の問題としていじめが増えていて、「流行的な（epidemic）」レベルに達していると指摘するのは、「職場いじめ問題研究所（＝Workplace Bullying Institute）」だ。

「職場いじめ問題研究所」では、4年ごとに調査が進められており、最新の2021年のデータは新型コロナウイルス（COVID-19）によりリモートワークが普及したにもかかわらず、職場内でのいじめが減るどころか増えているという驚きのデータになっている。

この調査によると、いじめられた経験のある労働者は労働者全体の30％（4860万人）にあたり、この数は2017年と比較すると57％も増加している。

さらに、いじめを目撃したという人も含めると、その数は労働者全体のほぼ半数の49％（7930万人）に及ぶ。

2020年からの新型コロナウイルスの世界的流行で、アメリカでももちろんリモートワークが進んだ。

調査によると、「リモートで働くことを選んだ」（33％）と「雇用主からリモートでの仕事の指示があった」（14％）を合わせると、およそ半数近い47％の人がリモートでの仕事に従事しているのだが、リモートワークによっていじめにも変化が起きているという。

これまでの国全体の調査では、およそ3割がいじめを体験しているという結果が出ていたが、コロナ以後のリモートワークをしている人に限ってみるとなんと43・2％がいじめを体験していたという。また、調査において、「いじめを行なった」と自己申告した人も、リモートではない対面の現場では2・4％だったのに対して、リモートのみの職場では6・3％、リモートと対面が混合の職場では6・5％と顕著に増加しているのだ。

この結果が示唆しているのは、顔と顔をつきあわせて働くリアルな職場よりも、バーチャルな空間の方が、いじめが発生しやすいという事実だ。

リモートでのいじめの内訳を見てみると、Zoom や Skype などにおける他の人も同席しているオンラインミーティングでのいじめが35％と最も多く、次に多いのが、一対一でのオンラインミーティングが15％、以下、グループ内でのメール（6％）、個人宛のメール（3％）と続く。

「新型コロナウイルス（COVID-19）が他人に対する虐待行為にどの程度影響を与えたと思うか？」という質問に対しては、「虐待やいじめが増えた」と回答している人が25％なのに対して、「虐待やいじめが減った」と回答した人は6％。「以前からいじめはあった」「以前からいじめはめったになかった」と回答した人が41％だった。

また、日本ではなかなか見られないような興味深い調査項目もある。

「政治家や公的な人物による、軽蔑的な意見や他者に対する不寛容な態度は職場に影響したか？」という質問に対しては、「公の場で軽蔑的な態度をとる人物のいることが、職場の加害者を後押しした」「ルールや法律に従うべきだと考える人が少なくなった」など、58％の人が「影響があった」と回答している。

この質問は、明らかに、トランプ大統領の言動を念頭に置いて設けられた質問事項と考えてよいだろう。

アメリカ大統領選挙が2020年11月に行われ、民主党のジョー・バイデン氏が勝利したが、それまでは、アメリカの歴史の中でも様々な意味で〝異色〟の、共和党のドナルド・トランプ氏が大統領として在職していた。調査レポートの質問がなされた時期は、「トランプ大統領による激動の時期と一致する」と伝えている。

また、学校での子どもたちのいじめ調査でも、トランプ大統領の在職期間では子どもたちの暴力的な言動は増えたことが報告されており、「トランプ大統領が、いじめや虐待的な人間関係の形成に寄与したことは否定できない」としている。

新型コロナウイルス以後の働き方といじめについて

労働環境について

家からリモートワークで働くことを選んだ	33%
雇用主からリモートでの仕事の指示があった	14%
リモートワークと職場、両方のやり方で働いている	10%
リモートワークをしていない、できない	25%

労働環境といじめについて

	リモートワークを選択している	リモートワークと職場の両方	リモートワークをしていない
いじめの対象となった	43・2%	17・4%	20・6%
いじめを目撃した	18・3%	29・3%	15・8%
いじめを行なった	6・3%	6・5%	2・4%
いじめは起きていない	15・3%	19・6%	22・2%
気づかなかった	16・9%	27・2%	39%

リモートワークでのいじめの内容について

複数が同席しているオンラインミーティング（Zoom、Skype など）	35%
一対一でのオンラインミーティング	15%
グループ内でのメール	6%
個人宛のメール	3%
いじめはなかった	41%

コロナウイルスが他人に対する虐待行為にどの程度影響を与えたと思うか

虐待やいじめが増えた	25%
以前からいじめはあった	17%
以前からいじめはめったになかった	24%
虐待やいじめが減った	6%
以前ほど同僚と会わなくなったので、よく分からない	29%

出典：WORKING BULLYING INSTITUTE「2021 WBI U.S. WORKPLACE BULLYING SURVEY」より。（2021年1月、1215人の回答を元にしたもの）

他にも、男女で比較したところ、いじめの件数自体は、男性67％に対して女性が33％と、加害者としては男性の方が多かった。男性が男性をいじめのターゲットとする割合は58％なのに対して、女性が女性をターゲットとするのは65％と、「同性をいじめる」という傾向は女性の方がやや高かった。

「職場いじめ問題研究所」のゲイリー・ナミエ博士の話

いじめの背景や原因については、様々な要因や環境によっても異なるため安易に判断することは避けなければならない。

それでも、これまで1万2000件以上の「職場でのいじめ」の相談を受けてきた「職場いじめ問題研究所」の創設者ゲイリー・ナミエ博士によると、いじめの加害者には一定の傾向があるという。

第一に、加害者は多くの場合において、何かしらの満たされない感情を抱いているということ。たとえば、能力や才能などである。そうした面において、いじめのターゲットとなる人が身近にいた場合、加害者は努力によってスキルを磨こうとするのではなく、自分よりも能力のある同僚や後輩、部下などを攻撃することにより埋め合わせしようとする。

また博士は、いじめ加害者の生育環境の影響についても指摘する。加害者にヒアリングを行うと、子どもが当然の権利として得られるはずの親からの愛情を受け取れなかったことで、共感について学ぶ機会を損なったのではないかというのだ。

さらに、ゲイリー・ナミエ博士は、こうした状況に加えて、企業や職場の怠慢もそうしたいじめ加害者を助長させているという。企業は資金の節約のために、仕事内容や売り上げに直結するようなスキルの育成については積極的に資金を投じる反面、暴力や暴言などによらない人の管理の仕方については、個人の資質や「直感」に委ねている部分が多いのが現状だという。

しかし、チームを管理するスキルは、学ぶことなしには身につかないので、「個人の資質」にだけ頼ることは、いじめを放置することでもある。今の状況は「いじめ」が管理のためのデフォルトのシステムになっているとも指摘する。

また、いじめが多い職場として、ゲイリー・ナミエ博士が挙げたのは、医療機関と教育現場であった。これは、本書の第1章の日本の事例について社労士・須田美貴さんが指摘したように、日本でも多くのいじめ相談が持ち込まれる職場と一致する。

ゲイリー・ナミエ博士はまた、こうしたいじめがはびこる社会の根本的な原因として、アメリカがあまりに個人主義的な社会になってしまっていることを挙げている。

いじめが明るみに出た際には、周囲や世論は加害者を人格的に攻撃することがある。また、被害者に対しても、「いじめられる側にも原因があったのではないか」という形で不当に非難する。矛先は違うものの、これらの非難はいずれも「個人に原因がある」と考えるという点において共通している。

こうした非難が許されるのもまた、いきすぎた個人主義の弊害ではないかとゲイリー・ナミエ博士は力説していた。

アメリカの対策について

「職場いじめ問題研究所」などが中心となり、率先して「大人のいじめ」に関する統計を集めてきたアメリカ。いじめの実情が可視化されてきたことを受け、対策やいじめ防止の制度作りはどのようになっているのだろうか。ひき続き「職場いじめ問題研究所」のゲイリー・ナミエ博士に尋ねてみた。

博士によると「大人のいじめ」に関する、十分に有効な法律はまだできていないという。

いじめや差別、ハラスメントに対して法的な保護がなされる連邦法と州法はあるものの、その法律の適用範囲は、いくつかの特定のグループに限定されている。たとえば、人種的少数派や障がい者、民族などに関連づけられた個人などである。

しかし、これまでも見てきたように、アメリカで日常的に起こっている「大人のいじめ」は、必ずしもこうした「マイノリティ」を対象としてのみ起こっているわけではない。

こうした状況を受けて、ゲイリー・ナミエ博士らは2003年より、職場での大人のいじめの防止を目的とした「健全な職場のための法律（Healthy Workplace Bill)」の立法を目指してきた。

現在、その法律は30の州の議会で紹介されたが、実際に法律にまでなったのは自治領のプエルトリコだけだ。カリフォルニア州とユタ州では、セクハラ防止の研修に付随させる形で、いじめ防止に関する研修も受けることを義務づけられた。

しかし、ゲイリー・ナミエ博士は「法的に違法なハラスメントと、違法性が確立されていない『いじめ』とをまぜて扱っても有効性は期待できない」と言っている。

これまでの「大人のいじめ」に関する裁判事例について博士に問うと、現状では、「職場でのいじめ」を告発するための法的な基準がないため、「いじめ」を巡っての裁判はないとのことだった。

しかし、必ずしも違法とはいえない嫌がらせや、雇用契約が絡む問題、差別が絡む問題などについて、いじめに関する専門家として、法廷での証言が求められるケースが数多くあったという。

ゲイリー・ナミエ博士としては、「大人のいじめ」に関する包括的な法律ができるのを待つのではなく、個別のいじめケースで対応していくような判例を重ねていくことでも、いじめの被害者を減らしていくことができるのではないかと考えているという。

イギリスの対策について

イギリスの場合はどうかというと、この問題に対して、日本のような「職場でのいじめ」に関する法律という形では対応しておらず、主に「ハラスメントからの保護法（Protection from Harassment Act）」と既存の多くの「差別禁止法」を統合した「平等法」との併用によって、「大人のいじめ」に対応しようとしているという。

「ハラスメントからの保護法」は1997年に定められた法律で、セクハラ、パワハラなどの職場での問題から、ストーキング、ご近所トラブルまで、いわゆる「ハラスメント」の問題を一括して、この法律の枠組みの中で解決しようとしているところに特徴がある。

これは日本の法整備がセクハラ、パワハラ、マタハラ（マタニティ・ハラスメント）など、問題ごとに切り分けて対応しようとしているのとは対照的だ。

この法律の利点として、被害者側が受けた様々な精神的・肉体的苦痛に対して、その原因となった行為の違法性を広く問うことができる。

しかし、前述の滝原さんによると、実際には「ハラスメント」の枠組みがあまりにも広すぎるため、たとえば「職場でのいじめ」のケースにおいて、加害者個人の責任なのか、あるいは企業の責任なのかなどの点について、曖昧になり有効に運用できているとは言いがたい状況だという。

実際にイギリスでは、「この法律では不十分だ」という声から、企業側の責任を明記するような「職場における尊厳を守る法律」を作ってほしいという声が長らく上がっている。

しかし、イギリス議会では「ハラスメントからの保護法」で十分対応できるという理由から否決されるなど、被害者が納得できるような制度とは言えないようだ。

フランスの対策について

一方、フランスでは労働法典、刑法典及び公務員規程に、「精神的嫌がらせ」に対しての規定が明確に書かれている。「ハラスメント」という大きな枠組みで解決を図るイギリスとは、対照的なアプローチである。しかし、こちらにも課題はあると滝原さんは指摘する。

「大人のいじめ」に対して明確に定義したことによって裁判が頻発し、「乱訴」

ともいうような状況にあるというのだ。そのため、条文の解釈をめぐり議論が複雑化、判例の整理が追いつかず、裁判所が混乱している。

こうした状況をふまえると、「いじめ」というものを明確に定義するための法律を作るべきなのか、作らざるべきなのかという点も含めて、まだ、検証が必要な状況だと滝原さんは語る。

対話によって解決を探る「リストラティブ・ジャスティス」

これまで、「大人のいじめ」についての各国の状況や法整備などの対策について見てきたが、いずれの国でも完全に問題を解決できているとは言いがたい状況だ。それだけ、「いじめ」という問題が、人種や文化にかかわらず起きうるし、解決が難しい、人類が普遍的に持っている宿痾《しゅくあ》のようなものなのだろう。

この問題に対して、「いじめは裁判では解決しない」という前提に立ち解決を模索する取り組みとして、滝原さんが教えてくれた「リストラティブ・ジャスティス（修復的司法、修復的正義）」という方法についてご紹介したい。

日本ではまだそれほど知られていない取り組みではあるが、カナダやイギリスなどでは広がっており、近々、ドイツでも取り入れようという動きがある。裁判が事実を明らかにし、過失の有無や責任の取り方を法によって見極めるものであるとすれば、「リストラティブ・ジャスティス」の中心にあるのは、「対話」によって個々人のニーズを引き出し、コミュニティをより過ごしやすいものにしようという発想だ。

やり方としては、ファシリテーター役の人を置いた上で、いじめの被害者、加害者、傍観者などが輪になる。そして、「トーキングピース」と呼ばれるものを用意する。物自体は葉っぱや旗など何でもよく、発言はトーキングピースを持った人だけが行えるのがルールだ。

ファシリテーターはあくまで進行役・聞き役に徹し、ジャッジはしない。裁判のように、どちらに過失があるかを判断するための場ではなく、あくまで、それぞれが考えていたこと、感じていたことを吐露することが目的だ。

果たして、このような場に加害者が出席するのかという疑問もあるが、滝原さんによると、被害者側よりも加害者側の方が積極的に参加することが多いという。

本書の第1章でも見たように、いじめの加害者に話を聞くと、「自分は被害者だ」と思っているケースもある。仕事がいい加減な同僚や、会社からの不遇な扱い、自分自身も過去にはいじめられてきた経験などから、不満やストレスを溜めている。

実際に会が始まっても、加害者側が「いじめ」を行なった背景には、いじめた相手に対する嫉妬があったことや、会社側から過度に厳しいノルマが課せられ余裕を失っていたことなど、加害者側の不満が本音として話されることが多いというのだ。

こうした加害者の率直な言葉を前にすることで、被害者側もまた、これまでの怒りや屈辱などについて語ることができるという。

第4章

解決に向けてのヒントを探る

これまで、法的な観点や、海外の状況・取り組みなどをふまえながら「大人のいじめ」について、様々な角度で見てきた。

しかし、どれも一朝一夕に効果を発揮する「処方箋」にはならず、改めてこの問題の解決の難しさが浮き彫りになった。

本章では、現在の日本で、解決のために現実的・具体的に取りうる選択肢を紹介したい。さらに、職場で理不尽な「いじめ」を受けたが、自分なりの〝納得〟を得て、それを乗り越えた人々の体験を紹介したい。

無料で相談できる「個別労働紛争解決制度」

これまでに見てきた職場で行われた「いじめ・嫌がらせ」に対して、私たちが大きな負担なく頼ることができるのが「個別労働紛争解決制度」である。

窓口となっているのは都道府県の労働局や、全国の労働基準監督署（労基署）の他、駅近隣の建物などに設けられている「総合労働相談コーナー」で、全国に379か所ある（2021年4月1日現在）。

こちらに持ち込まれた相談件数は２０２０年度の時点で１２９万７８２件にのぼり、うち、「いじめ・嫌がらせ」に関する相談が最も多く、７万９１９０件となっている。

ここでは「いじめ・嫌がらせ」についての「総合労働相談」の他、「助言・指導」と「あっせん」という対策をとってもらうことが可能だ。

「助言・指導」は、都道府県の労働局長が、相談者が所属する会社など相手側に対して解決の方向を示すことにより、自主的な解決を促進する制度である。「助言」は当事者間の話し合いを促進するように口頭や文書で行うもの、「指導」は当事者のいずれかに問題がある場合に問題点を指摘し、解決の方向性を文書で示すものとなっている。実務上では、「総合労働相談コーナー」に配置された総合労働相談員が、法律や裁判例に照らして電話等で口頭助言を行い、当事者同士で話し合いを持つように促すことが多い。

「あっせん」は、あっせん委員と呼ばれる専門家（労働問題に詳しい弁護士や大学教授など）が、当事者間に入り、話し合いを促すことで解決しようとする制度である。

「助言・指導」「あっせん」のいずれの方法がよいかは、相談する被害者が選ぶことができる。ただし、「助言・指導」を行なっても解決しなかった場合に「あっせん」に進むことはできるが、「あっせん」を選ぶと「助言・指導」を利用することはできない。

社労士・黒田英雄《くろだひでお》さんによれば、この制度では無料で第三者に介入してもらえることがメリットとしてあげられるという。

一方で、「助言・指導」にしても「あっせん」にしても、相手側に対してその内容を強制する権限はない。労働局は「助言・指導」を行なったあとの対応や改善について確認を行うが、相手側が何もしていなかったとしても罰則はない。また、「あっせん」に応じるかどうかは相手側の自由であり、参加しないということもできる。

そのため、たとえば相手側となる会社の代表が、そもそも社内で問題が起こっていることを知らなかったり、会社側と被害者の間で誤解があったりするなど〝ボタンのかけ違い〟のような状況を解決することはできても、会社側がまったく非を認めない場合や、開き直っている場合については解決が望めないと、黒田さんは指摘する。

「いじめの解決」とは何をさすのか

ここまで、「いじめの解決」の手段について考えてきたが、改めて考えたいのは、「いじめの解決」とは何なのか、一体どういう状態になれば、その問題は解決したことになるのかということだ。

いじめの加害行為があったことを相手側が認め、加害者を処罰すればそれは解決になるのだろうか。あるいは、いじめ行為によって被った精神的苦痛を慰謝料という形で償ってもらえれば解決といえるのだろうか。

ここまで見てきた中で、法律や制度によって「大人のいじめ」を解決することの難しさに触れてきた。そして、残念ながら現在の法律や制度では、あらゆる被害者が100％納得する解決策を見いだすことが難しいことも伝えてきた。

しかし、中には、辛く理不尽ないじめを体験しながらも、自分なりに〝納得〟して、新たな一歩を踏み出した人たちもいる。そうした自分なりに「大人のいじめ」を乗り越えた人たちの体験を紹介し、本書を締めたいと思う。

【「個別労働紛争解決制度」を利用し、納得の和解を得た
～梅原さん（仮名）の場合～】

次に紹介する事例は、「いじめ」というよりも「雇用」を人質にしたパワハラ・労働問題という側面もあるが、被害にあった時にどのように相談し、解決を目指せばよいのかのヒントになると思うので紹介したい。

梅原さん（40代男性・仮名）が働いていたのは、社員十人弱の東京都内の企業。おもに福祉・医療に関わる事業で、当事者とイベントを催すこともあり、人に寄り添うことが求められる仕事だった。しかし、そうした理想とは裏腹に、職場の環境は真逆のものだったという。

梅原さんは仕事を計画的に進め、余裕をもって終わらせるタイプで、周囲の人望も厚かった。「仕事でチームにほとんど迷惑をかけたことはない」という自負もあった。

転機となったのは、梅原さんの妻が第２子を妊娠したことだった。第１子もまだ幼く、妻の体調が優れない中で、食事を作り子どもを保育園に送るようになった。そのため、定時の10時出社が難しくなり、１時間の遅刻の許可を求めた。

梅原さんからのこの申し出に対して、会社は当初、理解を示してくれた。これまでの働きぶりから、梅原さんを信頼していたのだろう。

一方で、会社は大きな変革期にさしかかっていた。梅原さんが勤務する会社を親会社が吸収するなどして、組織改編が検討されていた。それに際して、いわば「会社の思いをくみ、組織に忠誠を尽くす」ような従業員で固めたいという空気を、梅原さんは経営陣から感じ取っていた。

1時間遅らせての時短勤務が始まりしばらく経った頃、梅原さんは突如、経営陣のひとりから呼び出された。そして、「遅刻が多い」「みんなの迷惑になっている」などと厳しい口調で叱責されたのだった。

梅原さんにとってはまさに青天の霹靂《へきれき》だった。定時に出勤できない理由については丁寧に説明し、会社も理解を示してくれたと感じていたし、仕事の面でも周囲に迷惑をかけたことはなく、「仕事は完璧にやっている」つもりだった。また、その上司は、ほとんど職場には顔を見せず、梅原さんの働きぶりを把握しているとは到底思えなかった。

納得できなかった梅原さんは、「具体的に誰にどう迷惑をかけているのか？私はどうすればよいのか？」と問うた。すると、相手はその質問には答えず、逆に「組織を改編したあと、君はどうするつもりなのか？」と尋ねてきた。

その質問に対して梅原さんは、「もうすぐ子どもが生まれることもあり、できれば近い業務内容で働き続けたい」という希望を伝えた。ところが相手は露骨に嫌な表情をした。その様子に、梅原さんは経営陣の総意としては、会社の変革期にもかかわらず会社を一番に優先しない社員には辞めてほしいのだろうと感じた。

その直後に行われた年末の面談では、ボーナスカットを言い渡された。告げられた理由は「遅刻が多い」。さらに年明け後に、「3か月は時短勤務で働き、その後は業績不振からの整理解雇という形で辞めてもらえないか」とも言われた。


受け入れがたい要求だと感じた梅原さんは、自らの業務に問題があったのかを確認した。梅原さんからの質問に対して、経営陣側は「（梅原さんの）仕事ぶりを評価していないわけではない」と言いつつも、他の社員を引き合いにだして、「他の社員のように献身的に尽くしてくれない」と言った。

子育てと仕事を両立させるためのギリギリのところで仕事をしていた梅原さんには、これ以上、仕事に時間を割くことは不可能だった。家庭や子育てよりも、会社に尽くすことを求められていると感じた梅原さんは、

「会社のために犠牲を払えということですか?」

と確認するうちに、

「そういうわけじゃない。あなたはすぐに、そういう受け止め方をするでしょ?」

と言われてしまい、話がかみ合わない。

会社がプライベートよりも仕事を優先し、長時間働いてくれる従業員を残したいことは明白だった。


初めて事実上の「クビ」を言い渡されたことに、梅原さんは大きなショックを受け、納得できなかった。そこで、まず梅原さんは労働問題に詳しい社労士に相談することにした。

ことの経緯を聞いた社労士の判断は、

「整理解雇は、翌月には倒産してしまうような会社が主張するなら正当性があるが、梅原さんの勤める会社には雇用し続けられる体力があり、整理解雇できるための要件をまったく満たしていない」

というものだった。

社労士と相談し、梅原さんはまず、会社に対して「解雇予告通知書」を要求した。会社側が解雇予告をし、労働者側が「解雇予告通知書」の発行を求めた場合は、速やかに発行することが法律で義務づけられている。

ところが、会社側は「（解雇予告通知書を）出すつもりはあります」と言うものの、数週間経っても出してこない。そして、１か月近く経って会社が出してきたのが、「退職金を上乗せするので、自己都合退職にしてくれないか」という提案だった。

この会社側の動きについて、社労士の見立ては、おそらく「会社側の弁護士から、今の状況では整理解雇はできない。裁判になったら会社に勝ち目はない」とでも言われたのだろうということだった。

いずれにしても、これから第２子が生まれようとしている梅原さんにとっては受け入れがたい相談だった。

梅原さんがはっきりと「拒否します。基本的には4月以降も雇用してほしい」と伝えると、経営者は、

「あなたにとっていいことにならないですよ? 身を以て知ることになります」

と高圧的に、脅しのような言葉を告げてきた。

そして数日後、経営陣は梅原さんを呼び出すと「即日解雇です。明日から来なくていいです」と言ったという。

梅原さんの中には生活への不安以上に、「どうして、ここまで言われなきゃいけないんだろう」というやるせなさと憤りがあった。

会社から「即日解雇」の通告を受けて、改めて社労士に相談し、梅原さんは「労働審判」を行うことにした。

労働審判は、裁判所に申し出て、事業主と労働者の間のトラブルを迅速かつ

実効的に解決するための手続きで、「訴訟」とは異なり非公開で手続きが進められる。また、労働審判においては「勝ち負け」ではなく、「和解」という形がとられる。

労働審判では3回まで話し合いを行うことが可能だが、それでも決まらない場合は民事訴訟になる。民事訴訟が行われた場合は、会社の名前が出てしまうため、それまでの段階で、会社側が解決金を支払い決着することが多い。

梅原さんのケースでも、社労士が指摘していた通り梅原さんに落ち度はなく、ほぼ全面的に梅原さんの訴えが受け入れられた。結果として、およそ100万円弱の和解金（給与3か月分程度）を勝ち取ったのだった。

梅原さんは最初から「会社を訴えたい」と思っていたわけでも、賠償金や和解金が欲しかったわけでもなかった。梅原さんの中にあったのは「はたして悪かったのは、自分なのだろうか」「自分に落ち度があったのだろうか」と、自分を責めてしまう気持ちに決着をつけ、納得したいという思いだった。

結果的に、梅原さんはこの会社を退職することを選んだが、最終的には「自己都合」ではなく「会社都合での退職」であることが和解の内容に含まれた。そして「自らが信じる常識の中で、間違ったことはしていない」という思いが叶えられたことが、納得できた理由だった。

そこに至る過程で、まず最初に相談した社労士から、

「梅原さんは、何も悪くない」

と、言ってもらえたことが粘り強く交渉する支えとなったという。

「大人のいじめ」の問題でもパワハラ問題でも、ひとりで闘わず、自分の怒りを第三者が受け止め共闘してくれることの大切さが、梅原さんの体験からはよく分かる。

【代表側からの手紙で「決着」がついた　～田村さん（仮名）の場合～】

田村さん（30代男性・仮名）がハローワークからの紹介で働き始めたのは、障がい者雇用の支援を行なう就労支援施設だった。その施設を運営する法人は、田村さんが暮らす地域では比較的規模も大きく名も知られており、またハロー

ワークからの紹介ということもあり、安心して働ける場所だと期待していた。ところが、働き始めて早々に、職場の空気が普通ではないことが分かってきた。

その施設では、典型的な「いじめの連鎖」が起きていた。いじめの元凶となっていたのは施設長。気まぐれで、虫の居所が悪くなると、施設内では誰かれかまわず怒鳴るパワハラ気質の人物だったのだ。

そのいじめの矛先は、主任やサービス責任者などのベテラン職員にも向かった。田村さんの目の前で主任が施設長と電話で話している時も、施設長が主任を激しく罵倒している声が電話越しに聞こえてきたという。

激しく叱責された上司たちはすっかり焦燥。「言い返しても仕方がない」と反論する余力もなく、「心が折れている様子」に見えたと田村さんは言う。

そうしたいじめが繰り返されることで、上司や先輩たちは慢性的にストレスを抱えているようだった。そして、その溜まった不満の矛先が、田村さんへと向かうというのだ。

田村さんは働き始めたばかりで、仕事のやり方が分からない。しかし、誰も仕事を教えてくれなかったり、仕事を任せてもらえないことが続いた。田村さんは「とにかく対応が冷たく、こんなにも人に冷たくできるのかと思うほどに、冷たかった」と言う。

田村さんが「あまりにひどい」と思ったのが、ストレスを溜めた従業員たちの「ストレスのはけ口」が施設の利用者にも向かったことだった。

こうしたことが日常茶飯事の職場が働きやすいはずもなく、田村さんが就職する前にも入社してからわずか2か月で辞めた人がいることも明らかになった。

「とてもじゃないがこの職場では働けない」と感じた田村さんは退職を申し出た。しかし、なかなか受理してもらえない。まわりに相談すると、いつも施設長に怒鳴られている上司もまた、退職願を出したが辞めさせてもらえなかったというのだ。

それでも、諦めず退職を申し出たところ「1か月後を退職日にする」という約束で、ようやく退職願を受け取ってもらうことができた。

田村さんは、辞めることだけを目標に「約束の1か月後」まで、なんとか勤め上げたのだが、まもなく約束の日が訪れるという時になって「さらに2週間働いてほしい」という要求を会社側に提示された。

以前の会社でも激しいパワハラに耐えかねて辞めた田村さんにとっては、当時の辛い記憶が思い出される今の環境は最悪だった。通勤途中にある橋の上で立ち止まる時、川を見ては「消えてしまったら楽かもしれない」と思いつめたこともあったという。

後に分かったことだが、施設長が田村さんの退職を渋っていた背景には、職員数が減ると、就労支援施設として自治体からの認可が下りなくなるといった運営上の問題もあったという。

こうした状況を田村さんは前述の社労士、須田美貴さんに相談。

田村さんのケースにおいては、会社に法的な制裁を加えたり、会社と田村さんとの間で和解金を要求したりすることは難しいようだった。

総合労働相談コーナーに「いじめ・嫌がらせ」として相談することも考えたが、田村さんの場合は、すでに退職することも決意しており、労働局からの指導があったとしても会社の体質が変わるとは考えづらかった。

社労士の須田さんと議論を重ねる中で、田村さんが解決の糸口として可能性を感じたのは、法人全体の代表の人柄だった。田村さんは代表と総会などで何度か言葉を交わしたことがあった。「安心して働ける職場」を作りたいと常々語っており、その代表の話しぶりに田村さんは誠実さを感じていた。

須田さんの提案で、田村さんは代表に手紙を書くことにした。B5の便せんに4枚、手書きでびっしりと思いの丈を綴《つづ》った。施設長のこれまでの言動や、それにより職場が萎縮していること、最悪の場合には職員の不満が「利用者への虐待」という形で発散されていることなどを書いた。

手紙を送って数日後、すぐに代表本人から電話がかかってきた。その電話越しの口調は、とても丁寧で、繰り返し謝罪の言葉を述べられた。その上で、よければグループ内の他の施設で働いてもらえないかという申し出も受けた。

田村さんは施設内で起きたことを知ってほしいという思いから書いたものの、謝罪を要求したわけではなかった。だから代表自らが、直々に電話をくれたことに驚くと同時に、心からの謝罪をしてくれていると感じたという。

また、電話の最後には「(田村さんが) 書いてくれた手紙をなかったことにはしない」と施設の改善についての約束もしてくれた。その言葉を聞いた田村さんは、施設長や上司など自分に冷たくあたる人ばかりだった会社の中で、最後は、自分の言葉に耳を傾けてくれる人に出会えたような気がして、涙がこぼれそうになったという。


今回、田村さんが本当に求めていたのは和解金などのお金ではなく、それよりも、理不尽な「いじめ」の事実が認められたこと、その辛さを分かってもらえたことの方が大きなことだったと語った。

また、相談した社労士の須田さんの存在も大きかったという。彼女からのアドバイス「職場で人が足りなくなるのは、辞める田村さんの責任ではなく、事業者の責任です」が書かれたメールを印刷し、職場でも持ち歩いていたという。ピリピリとした職場の空気に追い詰められ、自責の念に駆られる時、その言葉を読み返すことが心の支えになったという。

本書では一貫して、「大人のいじめ」とは何なのかを考えてきた。それは目に見える暴力や、タダ働きをさせるというような労働問題などの、「明らかな違法行為」とは異なるものだった。

むしろ、今の法律では裁けない、明確には黒とはいえない、様々な肉体的・精神的な個人の尊厳に対する攻撃のことであった。

その「解決」について考える時も、やはり、それは法的な制裁や金銭の補償によってだけでは、償いきれないものなのかもしれない。

しかし一方で、最後に紹介した田村さんのケースは、法や金銭といったハード面からの解決ではない、やわらかな解決のヒントを私たちに教えてくれているように思う。

理不尽な苦境を理解し共感してもらうことや、味方であるという支援の言葉をもらうこと、また、心からの誠意ある謝罪を受け取ることこそが、「大人のいじめ」の解決の一歩となるのかもしれない。

主な参考文献

・今野晴貴『ブラック企業　日本を食いつぶす妖怪』（文春新書）2012年
・笹山尚人『ブラック職場　過ちはなぜ繰り返されるのか？』（光文社新書）2017年
・内藤朝雄『いじめの構造　なぜ人が怪物になるのか』（講談社現代新書）2009年
・水島広子『女子の人間関係』（サンクチュアリ出版）2014年
・和久田学『学校を変える　いじめの科学』（日本評論社）2019年

木原克直《きはら・かつなお》

NHKディレクター。1984年生まれ。京都大学理学部卒業、東京大学大学院数理科学研究科修了。

2009年NHK入局。長崎放送局、大阪放送局を経て、現在、制作局第3制作ユニット・ディレクター。「NHKスペシャル」、「ドキュメント72時間」、「クローズアップ現代+」、「バリバラ」、「あさイチ」など、ドキュメンタリーを中心に幅広く制作を行なってきた。

これまで『〝精子力〞クライシス 男性不妊の落とし穴』や『「マンモス復活」狂想曲の舞台裏』など、先端科学や生命倫理などについて考える番組を制作。

「あさイチ」と「クローズアップ現代+」にて、「大人のいじめ」をテーマにした特集を企画・制作、大きな反響を得る。

編集協力／大塩 大

ポプラ新書
206
いじめをやめられない大人たち
2022年 4 月11日 第 1 刷発行

著者
木原克直
発行者
千葉 均
編集
木村 やえ
発行所
株式会社 ポプラ社
〒102-8519 東京都千代田区麹町 4-2-6
一般書ホームページ www.webasta.jp
ブックデザイン
鈴木成一デザイン室
印刷・製本
図書印刷株式会社

N.D.C.361/178P/18cm ISBN978-4-591-16978-0

P8201206

貧困の中の子ども

希望って何ですか

下野新聞子どもの希望取材班

日本のおよそ6人に1人の子どもが貧困線以下で暮らしているというデータが発表され話題を呼んだ。しかし現状は目に見えにくく、貧困世帯への社会の理解も乏しい。困窮する子どもを見つけ、寄り添い育むために、私たちに何ができるのか。下野新聞で連載され、数々の賞を受賞した大型企画を書籍化！

今こそ「奨学金」の本当の話をしよう。

貧困の連鎖を断ち切る「教育とお金」の話

本山勝寛

奨学金を借りる大学生の割合は5割を超え、延滞者も約20万人と増え続けている。一方、メディアでは「奨学金タタキ」の言説が目立つ。いよいよ給付型奨学金もはじまるが、その欠点は各所で指摘されている通りだ。しかし、叩くだけでは何も解決しない。本書は、奨学金のみで東大に合格、ハーバードに通った教育専門家が問題の本質を分析し、現実的な改善策を提言する1冊である。

ポプラ新書　好評既刊

母という病

岡田尊司

昨今、母親との関係に苦しんでいる人が増えている。母親との関係は、単に母親一人との関係に終わらない。他のすべての対人関係や恋愛、子育て、うつや依存症などの精神的な問題の要因となる。「母という病」を知って、それに向き合い、克服することが、不幸の根を断ち切り、実り多い人生を手に入れる近道である。